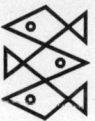

Ohne Frage, wer gut zu erzählen vermag, wer sein Publikum zu fesseln versteht, beherrscht eine seltene Kunst. Aber auch diese Kunst hat – wie alle Künste – ihre eigenen Regeln.

Was ist der Stoff, aus dem sich eine Geschichte machen läßt, wie muß sie begonnen werden, welcher Schauplatz ist zu wählen, welche Protagonisten sollen auftreten, wie sind deren Charaktere anzulegen, was sorgt für Spannung und wie führt der eingeschlagene Weg des Erzählens zu einem Ende, das nicht künstlich, sondern plausibel klingt? Solche verhexten Fragen muß beantworten können, wer das Handwerk des Schreibens beherrschen will.

Sibylle Knauss gewährt einen Blick in die Werkstätten des Erzählens. Sie verrät die Kniffe der Dramaturgie, die Techniken des Suspense, führt an treffsicher ausgewählten Beispielen aus der Literatur- und Kinogeschichte anschaulich vor, wie eine Person Leben, eine Geschichte Schwung bekommt. So ist die »Schule des Erzählens« ein elegant komponiertes Handbuch des Schreibens, das die angehenden Autoren in die Geheimnisse ihrer Berufung einweiht. Zugleich lädt Sibylle Knauss aber auch zu einem höchst vergnüglichen Spaziergang durch die Meisterwerke des Erzählens ein. Wer diesen alles andere als trockenen Lehrgang absolviert, wird das Universum des Erzählens fortan mit verändertem Blick bestaunen.

Sibylle Knauss ist Professorin für Text und Dramaturgie an der Filmakademie Baden-Württemberg. Sie lebt in der Nähe von Stuttgart und in der Pfalz. Zuletzt veröffentlichte sie 1997 den Roman ›Die Missionarin‹.

Sibylle Knauss

Schule des Erzählens

Ein Leitfaden

Fischer Taschenbuch Verlag

3. Auflage: Oktober 1998

Originalausgabe
Veröffentlicht im Fischer Taschenbuch Verlag GmbH,
Frankfurt am Main, Dezember 1995

© Fischer Taschenbuch Verlag GmbH, Frankfurt am Main 1995
Gesamtherstellung: Clausen & Bosse, Leck
Printed in Germany
ISBN 3-596-12885-4

Inhalt

Vorwort

! Erzählen bedeutet eine bestimmte Sichtweise auf das Leben.

! Diese Sichtweise hat etwas mit dem Vergehen von Zeit zu tun.

! Sie beruht auf Wahrnehmungskonventionen, zu denen es gehört, daß etwas, das als »Geschichte«, in welcher Form auch immer, ins Bewußtsein tritt, Anfang und Ende hat oder eine Kette von Ursachen und deren Wirkungen behauptet, während wir die Zeit als Kontinuum und die Welt als diffuses Beziehungsgeflecht erfahren.

! Mit der Erfindung des Kinos ist eine neue Art des Erzählens möglich geworden, vergleichbar der Erfindung des Buchdrucks und der Entwicklung der Novellistik in ihrem Gefolge – auch sie zunächst einmal als Massenkultur verschrien, mit dem Odium behaftet, nur allzu populär und keine wahre Kunst zu sein.

! Was die Möglichkeiten der Behandlung von Zeit anbelangt, der Zeitraffung und -dehnung, bleibt die Literatur weitgehend souverän. Sie kann eine Minute auf hundertzwanzig Seiten behandeln, nebenbei gesagt, ohne daß diese lange Weile langweilig sein muß, wenn der Autor danach ist, und sie kann hundert Jahre in einen einzigen Satz fassen, ohne daß irgend etwas ungesagt bliebe.

! Der Film ist, solange eine Einstellung währt, auf das Eins-zu-Eins-Verhältnis zeitlicher Abläufe hinsichtlich der Erzählung und des Erzählten angewiesen. Zeitraffung und Zeitdehnung innerhalb einer Einstellung offenbaren sich dem Betrachter als artifiziell und können auch nur in einem bestimmten Maßstab angewandt werden.

! Der Betrachter, der aus der Abfolge von zwei Einstellungen auf einen Zeitraum schließt, der zwischen ihnen vergangen ist, beruft sich auf narrative Strukturen, die vor-filmisch sind und tief in die Geschichte der Literatur zurückweisen, bis dahin, wo sie mündlich tradiert wurde.

! Die Verwandtschaft des Kinos mit den alten, durch einen »Sänger« mündlich tradierten Epen und Heldensagen scheint unerforscht, liegt aber auf der Hand. Der Performance-Charakter ist beiden eigen und unterscheidet sie von einer durch Schrift vermittelten Literatur. Ihre epische Natur unterscheidet sie andererseits von der dramatischen Darstellung, die das freie Spiel mit dem Faktor Zeit nicht kennt und auf der zeitlichen Kongruenz von Darstellen und Dargestelltem basiert.

! Die Odyssee oder das Nibelungenlied lassen sich als großes Kino lesen! In den Anfängen des Stummfilms, in denen noch ein rezitierender Kommentator auftrat, klingt die Verwandtschaft an.

! Umgekehrt werden die Epen heute im Medium des Films erzählt. »Schindlers Liste« hat als Film erst den Rang eines großen zeitgenössischen Epos erreicht.
Das hat natürlich auch etwas mit den unterschiedlichen gesellschaftlichen Bedingungen für Buch und Film zu tun und mit ihrer Vermarktung. (Die Verbreitung – Vermarktung – der alten Epen ist schließlich auch nicht unabhängig von der gesellschaftlichen Rolle der »Sänger« zu sehen.)

! Die literarische Narrativik als Roman, mit der Erfindung des Buchdrucks geboren wie der Film mit der der Kinematographie, ist selbst erst spät und nur vorübergehend zu Würden der E-Kultur avanciert, wie sehr sie sich jetzt auch dem nachgeborenen Bastard gegenüber als das legitime Kind der Kunst zu beweisen versucht.

Sie taugt, bei aller Verwandtschaft, nicht als Lehrmeisterin des Films. Ihre Rechthaberei, ihr Dünkel ihm gegenüber (zumal in der deutschsprachigen literarischen Kultur) sind verfehlt, weil sie beide Nachfahren der vorliterarischen Epik sind. Von ihr stammen sie beide in direkter Linie ab.

! So sehr Film »Anschauung« ist, so fordert er doch hinsichtlich seiner Narrativik ein größeres Maß an Abstraktion beim Zuschauer, als die erzählende Literatur es beim Leser tut. Die Konstruktion von Zeit»räumen« anhand des Gesehenen ist die intellektuelle Leistung beim Anschauen eines Films. Wenn sie nicht gelingt, mißlingt seine Rezeption.

! Der alte Einwurf, daß Film seine Rezipienten intellektuell unterfordere, da er ihnen alles zeige und keine Spielräume für kreative Prozesse lasse – wie er vor allem von Pädagogen immer wieder vorgebracht wird –, entlarvt sich damit als Vorurteil.

! Der kreative Prozeß, der beim Betrachter eines Films, sei er narrativ oder dokumentarisch, in Gang gesetzt wird, besteht in der Herstellung eines Zusammenhangs zwischen Segmenten, die filmische Einstellungen ihrer Natur nach sind. In der Rekonstruktion dessen, was nicht gezeigt worden ist, wird der Betrachter schöpferisch.

! Was nicht gezeigt wird, ist der Zeitraum, der zwischen einer Einstellung und der nächsten vergeht. Er fällt zusammen in den immer gleichen Sekundenbruchteil eines Schnitts. Sind zehn Jahre vergangen? Oder nur ein Moment? Herrscht Gleichzeitigkeit? Oder handelt es sich sogar um einen Flashback in vorvergangene Zeit? Der Betrachter eines Films muß fieberhaft alle

Daten auswerten, die ihm visuell und akustisch zur Verfügung gegeben werden, um diese Aufgabe zu bestehen. Anders ist die Rezeption von Film nicht möglich.

! Sie ist mithin – unabhängig von der ästhetischen Qualität – nicht weniger schwierig als die Rezeption von Literatur. Besteht sie beim Film in der Rekonstruktion der ZEITRÄUME von Handlung – und damit erst der Handlung selbst –, so besteht sie hier in der Rekonstruktion ihrer SPIELRÄUME, das heißt einer mit den Sinnen erfahrbaren Welt, die durch den Text evoziert wird. Sie existiert nur im Kopf eines Lesers, sonst nirgendwo.

! Beide Leistungen, die der Rezeption von Film wie von Literatur, beruhen auf der Bereitschaft, sich auf ein Spiel einzulassen, dessen Regeln auf den Darstellungs- und Wahrnehmungskonventionen einer vorfilmischen und vorliterarischen Narrativik beruhen.

! Das Spiel mit den Konventionen setzt ihre Kenntnis voraus, nicht aber ihre Befolgung im Sinne eines Normenkatalogs.

! Ihr gemeinsamer Nenner ist die Auslassung. Eine Geschichte entsteht im Kopf des Publikums. Sie ist weder auf der Leinwand noch im erzählten Wortlaut existent. Wer als Leser oder Zuschauer einmal begonnen hat, an ihrer Entstehung im eigenen Kopf teilzuhaben, ist für die Dauer des Films oder der Lektüre für die Welt verloren.

! Vorausgesetzt, daß die Welt, in die Buch oder Film Einlaß gewähren, ihn wirklich interessiert.

! Es ist die Welt von Personen, die ihn wirklich interessieren.

! Das Interesse des Lesers oder Zuschauers an der Erzählung ist personal, das heißt so emotional, wie unser Interesse an Personen es immer ist, ob wir ihnen als Zeitgenossen im Leben, in Medien oder in fiktionalen Entwürfen begegnen.

! Film- und Buchautoren können Prozesse der leidenschaftlichen Teilhabe an fiktiven Welten und fiktiven Personen (und damit ihren eigenen Visionen) in Gang setzen, wenn sie die Grundvoraussetzungen der Narrativik kennen.

! Von ihnen handelt dieses Buch.

! Das narrative Prinzip liegt allen Formen des Erzählens zugrunde. Sie werden daher ohne Rücksicht auf ihr ästhetisches Niveau und ihren literatur- oder filmhistorischen Rang in Betracht gezogen.

! Das narrative Prinzip wirkt auch in der Dramatik, wie das dramatische in der Epik wirkt. In der Dramaturgie des Spielfilms werden sie beide aktiviert. Begriffe wie »Charakter« oder »Plot« sind daher keiner der beiden großen Gattungen ausschließlich zuzuordnen.

! Narrativik und Dramatik stehen in einer Art Unschärferelation zueinander. Ein Spielfilm entpuppt sich als narrativ, wenn man ihn auf seine narrativen Strukturen hin befragt. Er entpuppt sich als dramatisch, wenn man ihn im Hinblick auf seine dramatischen Strukturen analysiert.

! Hier wird die Rede vom Spielfilm als Epos sein.

I.
Schillers Äpfel
Die Suche nach einem Stoff

Die Welt ist voll von Ideenkeimen. Ich er-
kenne sie an einer gewissen Erregung, die
sie sofort mit sich bringen.
(Patricia Highsmith, Suspense
oder Wie man einen Thriller schreibt)

Worüber schreiben Sie?
Schriftsteller werden meistens etwas unwillig, wenn man sie
danach fragt. Es ist, als hätte man sie auf ihre Einkünfte oder
Liebesaffairen angesprochen. Etwas Heikles, Privates, nicht für
die Öffentlichkeit, überhaupt nicht fürs Gespräch bestimmt.
Aber es ist doch ein Werk, das da entsteht, sagt das Publikum,
also für uns gemacht. Was haben Sie plötzlich? Sollen wir den
Film nicht anschauen, das Buch nicht lesen, an dem Sie gerade
arbeiten? Sie haben uns doch schon immer Einblick ins Heikle,
Private gestattet. Ist das nicht Ihr Beruf? Also! Worüber schreiben Sie?
Der Autor sieht, daß es hier kein Entrinnen gibt. Das Spannungs-
feld von Privatheit und Öffentlichkeit, in dem er sich sonst mit
Lust aufhält und das ihn mit heimlicher Energie versorgt, erscheint ihm plötzlich als etwas Unerträgliches. Und indem er sich
anschickt, Auskunft zu geben, fühlt er, wie schwach er wirkt und
wie seine Verlegenheit sich jedem Wort mitteilt, das er sagt.
Ach, das ist nichts Besonderes, murmelt er, eine komische Geschichte. Wie bitte? Nein, nicht selbst erlebt. Das heißt, zum Teil
vielleicht… Und dann verfängt er sich in einer verworrenen
Handlung, die auch nicht im geringsten erkennen läßt, was
daran interessant sein soll.

Das nächste Mal hülle ich mich ins schöpferische Geheimnis, nimmt sich der Autor vor. Schweigen ist außer Erzählen die einzige Art, sich mitzuteilen, die das Private und das Öffentliche gleichermaßen wahrt.

Der Stoff, aus dem die Geschichten sind – das IST das Heikle, Private, nicht zum Vorzeigen Bestimmte in ihnen. Der Stoff macht noch nicht das Kleid, in dem man sich zeigen kann. Die Nacktheit darunter kann nicht durch ein paar verlegene, improvisierte Sätze bedeckt werden.

»Immer bin ich bekleidet«, sagt die Muse der epischen Dichtkunst, sagt Kalliope. Sie weiß, wovon sie spricht: Von der Sprache, der Form spricht sie. »Nichts ist mein eigen«, sagt sie. Sie leiht sich, was sie braucht: »Ich mische mit der Wahrheit das Erfundene und mit diesem wiederum die Wahrheit, um in Ernst und Scherz schön zu sein.« Sie treibt also ein Verkleidungs-, ein Verwandlungsspiel. Sie möchte gern gefallen. Und sie weiß, daß der Frau, die gefallen will (Musen sind Frauen), jedes Mittel dazu recht sein muß.

Und wie, gnädige Frau, sehen Sie darunter aus?

So etwa hört sich die Frage nach seinem Stoff für den Autor an.

Es ist das heikelste, privateste Kapitel, wenn wir uns über den Stoff zum Erzählen verständigen. Legen wir die Kleider ab! Wir sind unter uns Pfarrerstöchtern.

Am leichtesten haben es natürlich die überzeugten Nudisten unter uns. Ich brauche keinen Stoff, hören wir sie sagen. Mich interessiert nur die Sprache. Ein Stoff – wie konventionell. Das engt mich ein. Es stört mich. Ich bin viel freier so.

Dagegen ist nichts zu sagen. Nudisten haben schon immer die Neigung gehabt, unter sich zu bleiben. Ihren Stränden darf man sich nur selbst nackt nähern. Sie postieren ihre Ordnungshüter, die, mit nichts als einer Trillerpfeife bekleidet, aufpassen, daß man die Hüllen fallen läßt. Ich tue das lieber freiwillig und bei Gelegenheit. Als Mode ist es auch ziemlich überholt, wenn ich das richtig sehe. Seit die alten Kleiderordnungen außer Geltung sind – gesellschaftlich ebenso wie literarisch –, geht der erklärte

Verzicht auf sie ziemlich ins Leere. Es bleibt das Paradox: Wo ein Kostümzwang herrscht, wird auch die Nacktheit zum Kostüm. Der erklärte Verzicht auf Stoff zum Schreiben ist selbst der Stoff. Das Programm des Verzichts auf ein Programm ist selbst Programm. Nur hat man wie die Nudisten ein eng begrenztes Terrain damit abgesteckt.

Die Improvisateure geben sich leichtherzig.

Stoff? Das ergibt sich, sagen sie. Ich vertraue mich ganz meinem Text an. Im Schreiben erfinde ich meinen Stoff, sagen die Improvisateure. Ihre Figuren, versichern sie mir, sind viel zu interessant und kapriziös, um berechenbar zu sein. Sie führen ihren Autor dahin, wo sie wollen. Schreiben, sagen die Improvisateure, ist wie ein nächtlicher Bummel durch eine fremde Stadt. Man weiß nie, wo man landen wird. Alles ist möglich, wenn man die Augen offenhält und Gelegenheiten zu nutzen weiß.

Ich bewundere sie. Ein bißchen Neid ist dabei, wenn ich daran denke, was ich schon alles verpaßt habe. Bin ich etwa zu verkrampft, zu bemüht in der Absicht, meine Leser nach Plan durch die Geschichten zu führen, die ich schreibe? Und möchten sie, die Leser, sich vielleicht selbst umtun, immer aufs neue verführt, überrascht und bezaubert durch die Capricen meiner Figuren, die verschlungenen Pfade einer Phantasie, die nicht gelenkt sein will?

Ich riskiere das.

Ich selbst möchte als Leserin keine Wahl haben. Ich will gelenkt und geführt werden. Man soll mir Gewalt antun. Fessele mich, sage ich zum Autor und halte ihm meine Handgelenke hin. Es ist das einzige Begehren, mit dem ich ein Buch aufschlage: Ich will gefesselt sein. Mehr verlange ich nicht. Man soll mir keine Chance lassen, mich zur Wehr zu setzen. Man soll mir nichts ersparen. Es darf schmerzhaft sein, meinetwegen unerträglich – nur muß es stärker sein als meine schweifende Phantasie und die Gleichgültigkeit. Die wollen besiegt werden. Ich bin eine Masochistin, wo ich Leserin bin.

Was Sie als Leserin sind, das sind Sie auch als Autorin. Bücher und sonst nichts haben Sie schließlich zum Schriftsteller gemacht und was sonst als Filme zum Drehbuchautor.

Auch in mir als Autorin steckt etwas von der Lust, gefesselt und in Dienst genommen zu werden. Dazu brauche ich den Stoff. Er soll mich nicht eher ruhen lassen, als bis das Buch geschrieben ist. Alle meine Interessen soll er auf sich ziehen. Neben ihm soll es nichts anderes in meinem Bewußtsein geben, und alles andere, was es gibt, soll auf ihn bezogen sein. Er soll mich tyrannisieren. Ich will bestraft werden, wenn ich mich ihm nicht ganz widme. Noch meine Tagträume sollen von ihm durchdrungen sein. Er soll mich interessieren, wie ein Geliebter mich interessiert.

Wo finde ich einen solchen Stoff?

»Die Welt ist voll von Ideenkeimen«, sagt Patricia Highsmith. Wie recht sie hat. Aber was hilft uns das?

Die Welt ist voller Männer und Frauen, und doch kann man jahrelang allein darin herumlaufen. Man probiert so dies und das. Macht Bekanntschaft mit der Regel, daß man sich weiter vom Ziel entfernt, je heftiger man sucht – dann: Ganz beiläufig hat es sich schon ergeben. Es kann geschehen, daß man es zunächst gar nicht merkt. Die große glückliche Fügung ergibt sich en passant. Man trifft den Mann seines Lebens und muß aufpassen, daß man ihn nicht übersieht.

So kann es einem mit dem Stoff seines Lebens gehen, dem phantastischen, wahren, einmaligen Stoff für die phantastische, wahre, einmalige Geschichte, die, wenn Sie oder ich sie nicht schreiben, wahrscheinlich niemals geschrieben wird.

Wo hat man nicht gesucht! Schließlich wirft man den ganzen falschen Stolz über Bord und schlägt die Zeitung auf. Richtig! Man muß pragmatisch sein. Wer kaufen will und verkaufen, soll auf den Markt gehen.

Und welch ein Angebot!

Tageszeitungen handeln davon, was Menschen tun, erleben, planen, erleiden, einander zufügen. Davon handeln auch Geschichten. Eine einzige Zeitung enthält Tausende davon. Nicht alle mögen erzählenswert sein. Aber man braucht ja auch nur eine einzige!

Ich überschlage die Todesanzeigen, obwohl sich darin unermeßliche Schätze an Stoffen verbergen und ich sie für gewöhnlich sehr gründlich studiere: die Verwandtschaftsbeziehungen der

Hinterbliebenen zum Verstorbenen und untereinander... die Zahl der Enkel... Möglichkeiten der Bestimmung eines gewissen kulturellen Pegels anhand der verwendeten Formeln, Berufsangaben und Titel sowie der in der Familie verwendeten Vornamen... Lebt eine Witwe?... Trauert sie?... Ist sie erleichtert?... Haben die Eltern eines jungen Verunglückten andere Kinder, die ihnen geblieben sind?... Wird dieses tote Baby bald durch ein neues Kind ersetzt?... Wer ist es, der den Tod der Studienrätin a.D. anzeigt: eine Nichte, die die Eigentumswohnung geerbt hat, oder die lesbische Lebensgefährtin?... Ach, es ist herzzerreißend und wundervoll, was mir hier von unbekannten Menschen erzählt wird. Doch um des größeren Handicaps willen überschlage ich sie und wende mich der Rubrik »Aus aller Welt« zu (oder wie immer das in Ihrer Frühstückszeitung heißt).

Hier ist für jeden etwas dabei.

Die betreffende Seite der Frankfurter Rundschau, die vor mir liegt, liefert mir heute (am 18. Juli 1994) den Stoff für mehrere Agenten-Stories, einen Abenteuer-Roman, einen Weltraum-Thriller, ein Familien-Melodram mit glücklichem Ausgang, eine Kafkaeske, eine kleine Herz-Schmerz-Urlaubsgeschichte – alles wahlweise als Film- wie als Bucherzählstoff zu verwenden – sowie mehrere Motive, die ich je nach Belieben gattungsunabhängig einsetzen kann, wie beispielsweise

»INSEKTEN AUF DEM SPEISEPLAN«:

Skorpione, Heuschrecken und andere Insekten sind in Chinas Küchen Leckerbissen geworden. Selbst junge Frauen und ältere Damen, die sich bisher vor Krabbeltieren fürchteten, sind auf den Geschmack von Schlickwürmern, Zikaden und Ameisen gekommen.

Zitat aus Peking: »*Umgeben von Beton und ständig von Lärm genervt, kehren Städter zur Natur zurück und verlangen mehr und mehr nach Blumen, Vögeln, Fischen und Insekten.*« Welch ein Stoff!

Vielleicht muß ich nicht einmal meinen Agenten nach Peking schicken, um ihn verwenden zu können – obwohl es hübsch wäre... Es liefert mir den Charakter der Chinesin, die seine Kontaktfrau ist und – wer weiß – wahrscheinlich ein doppeltes Spiel spielt. Undurchsichtig genug ist sie, wie sie beim ersten Treffen vor ihm sitzt und mit laszivem Genuß Zikade um Zikade mit ihren blendend weißen kleinen Zähnen knackt. Schmeckt es Ihnen nicht? fragt sie in ihrem entzückenden Peking-Englisch, und er starrt auf seinen Teller mit Schlickwürmern, die noch lebendig zu sein scheinen. Doch, sagt er und weiß, daß er zu allem fähig ist, um dies geheimnisvolle Wesen für eine einzige Nacht zu besitzen, und sei es nur, um von ihr das Fürchten zu lernen… Natürlich wird es eine Falle sein. Aber die schöne Chinesin ist selbst das Opfer. Zu spät begreift er ihre Verstrickung in geheimdienstliche Machenschaften und, daß sie es nur für ihre uneheliche Tochter tut – sie stirbt, von einer Kugel getroffen, die eigentlich ihm gegolten hat… Schon gut, ich höre auf. Aber der Stoff ist zu schön, um ihn an John le Carré zu verschenken. Wie wäre es mit einer ganz anderen Version?

»Umgeben von Beton und ständig von Lärm genervt, kehren Städter zur Natur zurück…« Wir verlegen den Schauplatz ins Hier und Jetzt und erfinden einen neuen Trend. Jonas P., unsere Hauptfigur, erkennt die Zeichen der Zeit: steigende Preise, verstopfte Autobahnen, eine Zivilisationsmüdigkeit, die nicht mehr mit Urlaubsreisen zu bekämpfen ist, die nur wiederum in Lärm und andere Betonwelten führen. Er weist der Welt einen neuen Weg zur Natur zurück: »natural food«. Werbe-Slogan: Iß dich glücklich! Kein fader Körner- und Oeko-Fraß. Nein, etwas für die gehobenen Ansprüche: erlesene Delikatessen, die auch nicht ganz billig sind. Kleine Vögelchen, knackige Insekten, proteinhaltige Larven und vieles andere aus der Natur, was infolge von längst überholten Tabus bisher als nicht eßbar galt, alles sehr hübsch fürs Auge mit fritierten Korbblütlern, Veilchen und anderen visuell-kulinarischen Leckerbissen garniert. Selbst Vegetarier beißen an. Die Grenzen zwischen pflanzlicher und tierischer Kost gelten als verwischt. Sie überhaupt zu erwähnen, gilt als gestrig und spießerhaft. Nicht zuletzt darauf beruht der Erfolg unserer Hauptfigur, des Gründers einer Restaurantkette mit Namen »Natural Food«, einer Art »Wienerwald« der Zeit um die Jahrtausendwende – des Mannes also, dessen Aufstieg und Fall Gegenstand unserer Erzählung ist. Am Ende holt ihn die

Vergeltung dafür ein, daß er selber am liebsten blutige Steaks vom Angus-Rind zu sich nimmt, eine Leidenschaft, der er gemeinsam mit seiner argentinischen Freundin Conchita frönt, die in Wahrheit eine Agentin von McDonald's ist. Teils auf Mißmanagement, teils auf die Tatsache, daß Heuschrecken-Farmen aus dem Boden schießen und der Markt schließlich von Billiganbietern unterlaufen wird, ist der Niedergang von Jonas' Imperium zurückzuführen. Auch Conchita verläßt ihn und heiratet den Besitzer einer Hazienda von der Größe des Landes Mecklenburg-Vorpommern. Am Ende schreibt er seine Memoiren und bricht zu einer Lesereise durch die inzwischen von Burger King übernommenen »Natural-Food«-Restaurants auf. Hier setzt die Erzählung ein, die als Rückblende mit Rahmenhandlung angelegt ist.

Das war nur EIN Beispiel, wohlgemerkt EINER Seite einer Tageszeitung entnommen.

Dieselbe Seite enthält auch:

»GLETSCHER GAB LEICHE FREI« —
Die Leiche eines vor zehn Jahren am Mont-Blanc-Massiv verunglückten Dänen haben Wanderer nahe Chamonix entdeckt…
Liebes-Melodram, Krimi, Heimatroman, Sportlerschnulze (der Sportteil unserer Zeitungen enthält sämtliche Strophen zu jedem möglichen Heldenepos, täglich gratis, frei Haus!), aber auch Agentenstory. Die haben die Tendenz, jeden Stoff wie ein Schwamm aufzusaugen: Alles paßt immer, wenn man den richtigen Plot hat. Eine Leiche im Eis ist ungeheuer vielseitig einsetzbar. Leichen überhaupt…

Oder:

»CHOLERA IN FÜNF STÄDTEN« —
Die Behörden in Dagestan verhängten eine Quarantäne, nachdem unter Moslems, die von einer Pilgerreise aus Saudi-Arabien zurückgekehrt waren, die Cholera ausgebrochen war…
Albert Camus… Salman Rushdie… hätten gewußt, was man damit macht.

Oder:

»SPENDIERTER KAFFEE KAM BARBESITZER TEUER ZU STEHEN« —

Stoff also für eine kleine Boulevardkomödie, volkstheatergeeignet, in jede deutsche Provinz zu transponieren:
Genua. Ein Bußgeld von umgerechnet 300 Mark muß ein Barbesitzer aus dem italienischen Genua bezahlen, weil er seinem Bruder einen Kaffee spendiert hatte, ohne eine Quittung dafür auszustellen. Zwei Steuerfahnder überprüften die Bar und stellten fest, daß Renato gesetzeswidrig gehandelt hatte... Wäre das nicht der richtige Stoff für eine Farce, die deutsche Ordnungshörigkeit zum Thema hat?
oder:
»ENTFÜHRTES BABY ENTDECKT« –
Ganz Großbritannien nahm Anteil... Eine als Krankenschwester verkleidete Frau...
oder:
»MOLCHE IM ALL GESCHLÜPFT« –
Astronaut Donald Thomas entdeckte die Raum-Molche bei der Kontrolle des Aquariums... »Raum-Molche« – brauchen Sie mehr für Ihre erzählerische Phantasie?
Und gleich daneben:
»FEUERBALL GRÖSSER ALS DIE ERDE FEGT DURCH DIE JUPITERATMOSPHÄRE« –
der Bericht vom Einschlag des ersten Bruchstücks des Kometen Shoemaker-Levy 9:
Bausteine ersten Ranges für einen Weltraumthriller, wenn man sie kombiniert, etwa: Die Raum-Molche legen ein unnatürliches Wachstum an den Tag. Bald schon verlassen sie das Aquarium... Die Astronauten erhalten den Befehl, sie lebendig zur Erde zu bringen, weil man sich wichtige Aufschlüsse über die Gründe genetischer Mutationen im All verspricht. In Wahrheit aber sind die Molcheier schon vor dem Start von Saboteuren des NASA-Erfolgs genetisch manipuliert worden... Dramatische Kämpfe rivalisierender Gruppen an der Bodenstation, die auf Entlarvung der Täter hinauslaufen, dazwischengeschnitten die bedrohliche Entwicklung an Bord der Raumkapsel. Als der Befehl zur Tötung der Mutanten endlich kommt, ist es natürlich zu spät – die Molche haben das Kommando übernommen. In einem heftigen Showdown gelingt es Donald Thomas, der Hauptfigur,

den Rettungsraumgleiter loszukoppeln. Die drei übrigen Mitglieder der Besatzung, unter ihnen eine Frau, sind bereits von den Molchen verspeist worden. Während er Richtung Erde auf dem Weg ist, heiß erwartet von seiner um ihn bangenden Ehefrau, der er trotz schamloser Verführungsversuche seiner Kollegin im Weltraum treu geblieben ist, verglüht das Mutterschiff mit den Molchen in der Jupiter-Atmosphäre…

Auch nicht schlechter als »Alien«.

Sollte es jemals mißlingen, einen Stoff durch einfaches Aufschlagen einer Zeitung zu finden, kombinieren Sie zwei miteinander! Das kann nicht fehlschlagen.

Ist es so einfach? Ja. Es ist so einfach, wie eine Frau oder einen Mann für eine Nacht zu finden. Gewußt wo und wie, kann das jeder. Aber mit Liebe hat das fast nie etwas zu tun. Eher mit der Simulation von Liebesspiel, so wie die oben entwickelten Handlungspanoramen keine Geschichten sind, sondern Geschichten simulieren. Was nicht ausschließt, daß eine große Liebe als One-Night-Stand beginnt und daß ein Stoff aus der Zeitung zum Meisterwerk avanciert. Berühmte Beispiele: »Carmen« von Prosper Merimée, Büchners »Woyzeck«, Hebbels »Maria Magdalene« und andere…

Denn Schreiben hat etwas mit Liebe zu tun! Man braucht nicht irgendeinen, man braucht den Stoff seines Lebens. Und wie man den Geliebten nicht um seiner Vorzüge willen wählt, so entscheidet man sich für einen Stoff nicht aufgrund seiner Großartigkeit, sondern, wie in der Liebe, weil er etwas Gewisses, etwas Einmaliges hat. Weil er einen in die von Highsmith beschworene Erregung versetzt. Wie ein Mann, eine Frau, die vorübergehen. Wie ein Parfum, ein Blick. Es läßt einem keine Ruhe mehr.

Doch wie oft irrt man sich. Als jüngere Autorin neigte ich dazu, die Heftigkeit der Begeisterungsschübe, mit der eine Idee auftrat, als Garanten für die in ihr beschlossenen Aussichten auf Erfolg und Machbarkeit zu nehmen. Inzwischen weiß ich, daß ich damit im Irrtum war. Nach wochenlanger Arbeit merkte ich es manchmal erst. Die Hitze der Begeisterung, am Anfang nötig, um das Samenkorn zum Keimen zu bringen, verträgt sich nicht mit dem kühlen Kopf, den man braucht, um zu erkennen, was da entsteht: Aus einem Grashalm wird kein Baum. Nicht jede Pflanze bringt man zum Blühen, auch wenn man noch so viel düngt und gießt. Was Stoff für eine kleine Erzählung ist, kann kein Roman werden. Eine Episode macht keine Serie aus, auch wenn es anfangs so scheint, als habe man eine unerschöpfliche Quelle angebohrt.

Wenn das eigene Interesse an einem Stoff erlahmt, wie sollen sich andere dafür interessieren? Wenn man sich selber schon zum WeiterSCHREIBEN zwingen muß, wer soll da weiterLESEN? Die Kunst, ein Projekt zu kippen, muß ebenso erlernt werden wie die Kunst, einem einmal angefangenen Werk treu zu bleiben.

Aber wie läßt sich das Risiko minimieren, Monate seines Lebens an ein falsches Projekt zu verschwenden?

Gibt es noch andere Kriterien für die Brisanz eines Stoffes als unsere Erregung, wirr und nicht begründbar, wie sie ist? Woran kann ich erkennen, daß dieser Stoff nicht nur mich, daß er auch ein späteres Publikum faszinieren wird? Ein ungeduldiges Publikum, eilig, wählerisch, nervös, nach immer größeren Genüssen auf dem Weg, unwillens, sich länger als unbedingt nötig für etwas zu interessieren. Die Welt ist eine konzertierte Aktion zur Abwerbung des Publikums geworden.

Es gibt andere Stimmen außer der »inneren«, die für einen Stoff sprechen, dafür, daß es sich lohnt und daß die erste Begeisterung nicht täuscht. Wie ein erfahrener Liebhaber erkennt, was dahintersteckt, inwiefern es sich lohnt... so kann ein Autor lernen zu sehen, was sich an Möglichkeiten in einem Stoff verbirgt. Es ist natürlich kein Wissen, das sich auf Daten stützt. Es ist durch nichts abgesichert. Erfahrungswissen beruht auf Erlebtem und Erlittenem. Mißerfolge und Irrtümer tragen ihr Teil dazu bei. Es betrifft mehr die Sinne des Geistes als seine anderen Fähigkeiten. Das Gespür für die Valeurs dessen, was die äußeren Sinne uns liefern. Den Blick, der das erfaßt, was im Kontinuum der Eindrücke Wesentlichkeit enthält. Das Ohr für Harmonie und Dissonanz im Konzert der Welt. Erfahrung schärft unsere Sinne, bis sie als Instrumente taugen, mit denen wir die Wirklichkeit sezieren, um Stoffe herauszupräparieren, die wir für unsere Erzählungen brauchen.

Autor sein ist kein Beruf, es ist eine Art zu existieren: mit weit geöffneten Sinnen, die jede Art von Erfahrung hereinlassen, und mit geschärftem Sinn für das, was sich gebrauchen läßt.

Autoren sind erfahrene Liebhaber des Lebens, leicht entflammbar und kritisch zugleich, zärtlich und zynisch und beides gleichzeitig, gleichermaßen auf Nähe wie auf Distanz erpicht.

Erfahrung braucht ihre Zeit, um sich einzustellen. Wenn Sie als Autorin noch jung sind, um so besser für Sie. Sie dürfen sich ungeschmälert aufs Älterwerden freuen. Erfahrungen werden nicht mit der Abnahme von Jugendlichkeit bestraft, sondern machen Sie immer noch attraktiver. Schauspielerinnen haben wir das voraus, Sängerinnen und Tänzerinnen beneiden uns darum. Wenn wir es zu nutzen wissen.

Meine Erfahrung rät mir, auf der Suche nach Stoffen, an denen es sich zu arbeiten lohnt, zweierlei nicht aus den Augen zu verlieren:

Das eine ist der MYTHOS, das andere die ZEITKRITISCHE RELEVANZ.

Beides liegt verborgen. Unter der Oberfläche von Gelesenem, Gehörtem, Beobachtetem muß ich es ausmachen. Ich brauche eine Art Wünschelrute. Sie schlägt aus, wenn mir in einer Nachricht, einem Bericht, einer Beobachtung BEIDES begegnet: der Mythos UND die zeitkritische Relevanz. Oder zumindest eine Ahnung von beidem. Wenn die Wünschelrute ausschlägt, ist ja der Brunnen noch nicht gebohrt. »To find the myth beneath the modern story«, sagt Linda Seger, Hollywood-Script-Consultant und Autorin eines Ratgebers für Drehbuchautoren mit dem Titel »Making a Good Script Great« (New York 1987). Unter der Oberfläche eines zeitgenössischen Stoffes den Mythos aufspüren – darauf kommt es an. Der Mythos ist »the story beneath the story«.

Mythen sind universal. Sie werden über die Grenzen verschiede-

ner Kulturen hinweg verstanden. Es sind die Zeichen einer vor-babylonischen Sprache, einer Lingua humana, die zur Verfü-gung steht und nicht erst künstlich geschaffen werden muß.
Mythen sind wahr.
Sie sind mehr als wahr.
Wahr ist alles Tatsächliche. Tatsachen aber machen keine Ge-schichte, auch wenn sie von nichts anderem als tatsächlich Geschehenem handelt. Was tatsächlich geschieht, ist Teil eines Kontinuums, das ohne Anfang und Ende ist, chaotisch, zufällig, wirr, dem Gesetz der Entropie unterworfen, das jeder Herstel-lung von Sinn und Ordnung permanent entgegenwirkt. Eine Geschichte aus dem Meer des Tatsächlichen herauszuschöpfen, bedeutet Willkür, Maß, ordnendes Eingreifen. Erzählen ist im-mer Fälschung der Tatsächlichkeit. Schon das Wahrnehmen einer Tatsache als Baustein einer Geschichte ist »Fiktion«, eine Setzung, und entspricht nicht mehr der Tatsächlichkeit des Ge-schehenen.
In Hinsicht auf den Mythos sind Geschichten wahr, nicht in Hinsicht auf die Tatsächlichkeit des »Geschehenen«, von dem sie ihren Namen haben. In dieser Hinsicht sind Geschichten im-mer »gelogen«. Schon die kleinen Anekdoten, die wir aus unse-rem Alltag zum besten geben, beweisen das. Wir lügen das Blaue vom Himmel herunter, wenn wir von unseren Pannen er-zählen, von Mißgeschicken, Verspätungen, Krankheiten, Sie-gen und Niederlagen. Mitten im ungestalten Chaos des Erle-bens arbeiten wir schon an der autorisierten Fassung dessen, was uns geschieht. Im falschen Zug sitzend, entwerfen wir die Geschichte, deren Pointe ein Fahrplanirrtum ist, eine vertrackte Verwechslung... Und schon spüren wir etwas von dem Trost, den wir darin finden werden, die Geschichte zu erzählen. Wie alles in einem größeren Zusammenhang aufgeht... Sinn und Halt findet... Jedem kann das passieren... No need to worry... Wir sind unsere eigenen Märchentanten. Erst wenn uns keine Geschichten zu dem, was passiert, mehr einfallen wollen, sind wir verloren. Die Hölle ist a-narrativ. In ihr herrscht bare Tatsächlichkeit. (Darum ist das Feuer ihr Ele-ment. Es läßt nichts anderes gelten außer sich.)

Mythen sind mehr als wahr, weil sie nicht auf Tatsächlichkeit rekurrieren, sondern »das Material des Mythos ist das Material unseres Lebens, unseres Körpers und unserer Umwelt« (Joseph Campbell, Transformations of Myth through Time, dt. Mythen der Menschheit, München 1993), die Wirklichkeit, die wir sind, nicht die, die wir erfahren. Darin liegt seine Wahrheit und seine Universalität. »All of us have similar experiences. We share in the life journey of growth, development, and transformation. We live the same stories…« (Seger, 93)

Der mythologische Untergrund einer Erzählung ist das, was Autor und Leser, Filmemacher und Publikum verbindet. Ihre Verwandtschaft gründet sich darauf. All of us have similar experiences… Das ist die eine große Arbeitshypothese des Autors. Darauf beruft er sich.

Darum gibt es für uns nichts, was zu heikel ist, zu grausam, zu privat, zu verstiegen, zu amoralisch. Darum trifft uns der Vorwurf der Obszönität nie. Darum verweigern wir uns konsequent der Correctness, ob sie politisch, religiös oder ideologisch ist. ›Ich weiß, es ist entsetzlich, beschämend, skandalös, lachhaft und unstatthaft – aber Sie und ich, we share in the life journey, we have similar experiences…‹ Das ist die Botschaft des Autors an sein Publikum. Sie ist in allem enthalten, was er schreibt.

Und sie kann sich auf den Mythos berufen. Mythen arbeiten keiner Ideologie zu. Sie sind nicht »correct«. Sie sind grausam, verstiegen, obszön und unstatthaft. Mythen sind skandalös. Vergewaltigung, Inzest, Menschenopfer, Verrat und Meuchelmord, aber auch Liebe, Treue bis in den Tod – wo unsere kleinen Alltagsgeschichten aufhören, wo sie versagen: beim Skandalon setzt der Mythos ein. Er bewirkt kollektiv, was unsere kleinen Alltagsgeschichten individuell bewirken: die Aufhebung des Skandalösen, von dem uns unsere Erfahrung sagt, daß es existiert, in einem größeren Zusammenhang, der Sinn und Ordnung zuläßt und Verständigung möglich macht. Selbst die Hölle als Ort des A-Narrativen ist im größeren narrativen Zusammenhang eines Mythos von Oben und Unten, Seligkeit und Verdammnis aufgehoben. Sonst könnten wir der steten Bedrohung durch sie nicht standhalten. Sie hätte uns schon verschlungen…

Die heilende Kraft von Geschichten kommt, sofern sie die haben, von ihrer Verbindung mit dem Mythos her. Mythos ist Therapie, von Therapeuten als Methode längst genutzt: Die individuelle lebensgeschichtliche Mythenbildung als kreative Leistung, was nichts anderes heißt als die Rückführung der individuellen, als chaotisch-bedrohlich erfahrenen Lebensmuster auf kollektive Strukturen, ist von unbestreitbar heilendem Effekt. Insofern sind wir als Autoren fein heraus: Wir tun nichts anderes.

Allerdings hat nicht jeder Zahnarzt auch selbst das beste Gebiß…

Was mit einem gewissen Raunen daherkommt, ist doch nichts anderes als ein handhabbares Kriterium bei der Suche nach einem Stoff.

Sehen wir uns noch einmal die Seite aus der Frankfurter Rundschau an. Sie enthält Aktuelles »aus aller Welt«. Neuigkeiten, »Novellen«, »unerhörte Begebenheiten«.

Aber was ist so neu, so unerhört daran?

»GLETSCHER GAB LEICHE FREI«

Die Leiche eines vor zehn Jahren am Mont-Blanc-Massiv verunglückten Dänen haben englische Wanderer im Gletscher von Argentiere entdeckt. Die Hitze der vergangenen Tage hatte zum Abschmelzen des Eises geführt…

Scheint die Welt nicht aus dem Lot zu bringen, was da geschehen ist.

Wenn da nicht diese anderen beunruhigenden Geschichten wären:

Die Erde gibt ihre Toten frei… Die Gräber öffnen sich… Mumien und Vampire bleiben nicht, wo sie sind… Schneewittchen in seinem gläsernen Sarg ist überhaupt nicht tot… Kann man sich darauf verlassen, daß die Toten nicht eines Nachts zurückkehren und Rechenschaft darüber fordern, daß wir sie vergessen haben?… Die Auferstehung der Toten – Horror oder Hoffnung? Je länger man daran denkt, desto mehr wächst der Schrecken, der darin beschlossen ist. Die Jünger haben sich schließlich auch vor dem leeren Grab gefürchtet. Auf jeden Fall ist damit eine furchtbare Enthüllung verbunden. Es wird sich herausstellen, endgültig, wer wir wirklich sind... Ein kleiner Jüngster Tag hat nahe Chamonix stattgefunden. Und wer immer diese Nachricht an die Redaktionen gab, hat das auch gesehen. Denn an sich ist die Sache keine Spur Druckerschwärze wert: Bei sommerlichen Temperaturen schmelzen die Gletscher ab. Dabei wird manches frei, was eingefroren war. Sonst noch was? Ihre Verwandtschaft mit dem Mythos macht diese Nachricht interessant.

Oder:

Die Nachricht vom Aufprall der Bruchstücke des Kometen Shoemaker-Levy 9 auf dem Jupiter und die gigantische Explosion, die das zur Folge hatte: Wird so das Ende der Erde aussehen? Werden wir so verglühen? »Ein Einschlag wie dieser wäre auf der Erde eine große Katastrophe für uns gewesen«, wird der Astronom Richard West in Garching zitiert. Ist es nicht der apokalyptische Aspekt der Sache, der uns am meisten daran interessiert? Der Jupiter ist weit weg von uns. Aber die Vorstellung einer kosmischen Katastrophe, in deren Hitze alles verglüht, ist uns auf einmal ganz nah. Sie ist sehr alt und trotzdem jederzeit aktuell.

Oder:

»ENTFÜHRTES BABY ENTDECKT«

Die übliche Geschichte. Schauplatz: die Säuglingsstation in einem englischen Krankenhaus. Eine als Krankenschwester getarnte Frau nimmt einem jungen Vater sein neugeborenes Töchterchen aus dem Arm, weil es, wie sie sagt, untersucht werden soll. Die Aufzeichnungen der Überwachungskameras zeigen, wie die Frau mit dem geraubten Baby über die Flure eilt. Zwei Wochen später ist die Kindesentführerin entdeckt. Die kleine Abbie Humphrey lebt. Britannien atmet auf...

Was ist daran, das eine Nation in Atem hält? Und warum muß es den Lesern der Gazetten auf dem Kontinent zur Kenntnis gebracht werden? Irgendeine Variante dieser Geschichte haben wir doch beinah jeden zweiten Morgen auf dem Frühstückstisch. Dabei ist nicht einmal Blut geflossen. Kein Sex. Nichts Verwerfliches. Nur Baby Abbie, die jetzt wieder bei ihren Eltern ist. Haben Sie jemals daran gedacht, daß Ihre Eltern vielleicht gar nicht

Ihre Eltern sind? Natürlich haben Sie. Mit dreizehn oder vierzehn waren Sie fast überzeugt davon. Wie leicht kann man vertauscht werden im Krankenhaus. Sie sind es also gar nicht selber, die da Ihr Leben lebt. Und wessen Leben? Ihr Leben ist eine Fälschung. Ein imaginärer Zwilling lebt es statt Ihrer. Ein Unbekannter, den Sie finden müssen, damit er es Ihnen zurückgibt. Was zurückgibt? Ihr Leben? Es ist doch gar nicht Ihres. Und wer sind Sie überhaupt? Der imaginäre Zwilling von – von wem eigentlich? Die ganze Gedankenkette ist unrettbar falsch. Alles ist falsch von Anfang an. Jede Prämisse Ihrer Identität hat sich in ein undeutbar grinsendes Schemen verwandelt... Abgründe tun sich auf. Sie hätten sich in Ihren Bruder verlieben können, ohne zu wissen, daß es Ihr Bruder ist. Oder vielleicht sind Sie auch in Wirklichkeit sehr reich und wissen es nur nicht. Ein unermeßliches Vermögen sucht seinen wahren Besitzer in Ihnen. Ist das etwa unmöglich, daß es Sie eines Tages doch noch findet?

Nichts ist unmöglich. Der Traum von einer Verwechslung am Beginn unseres Lebens enthält nicht nur die Schrecken instabiler Identität, mangelhaft fester Gründung im Fundament unserer Existenz, er enthält auch die Möglichkeit einer Öffnung der Horizonte, vor denen wir leben – ALLES ist möglich, sowohl der äußerste Schrecken als auch ungeahnte Verheißung liegt hier beschlossen. Beides ist auf die Dauer schwer auszuhalten. Darum lieben wir es, wenn uns die Nachricht von der Heimkehr entführter Babies beim Frühstück erreicht. Das beruhigt und stärkt uns für den Tag. Anderer Leute Kinder mögen entführt und verwechselt und ausgesetzt werden: Oedipus... Kaspar Hauser... Moses... Esmeralda... Simplizissimus... Romulus und Remus... Gregorius... Sie alle durchmessen extreme Höhen oder Tiefen, bevor sie wissen, wer sie sind. Am Ende werden sie Papst (wie Gregorius) oder sind anderweitig als Gründer- und Führerpersönlichkeiten ausgewiesen. Die verborgene Berufung zu Höherem hat sich allen widrigen Umständen zum Trotz manifestiert (wie bei Simplizissimus). Oder aber sie sind vernichtet (wie Kaspar Hauser, wie Oedipus) und unrettbar verloren (wie Esmeralda, die Zigeunerin ohne Zigeunerblut). Die Entschlüsselung ihrer unbekannten Herkunft erfolgt in dem Augenblick, in dem es zu spät ist. Es ist gleichzeitig der Schlüssel für die wahre Bestimmung der Personen, ihr Schicksals- und Selbstverwirklichungsmuster.

Das Motiv ist ambivalent, schillernd, beunruhigend. Der Schock angesichts dessen, daß selbst die unverrückbaren Determinanten unserer Existenz für das Schicksal nicht unantastbar sind, sitzt tief und erlaubt uns nicht, unbeteiligt zu bleiben, wenn wir von Kindesentführungen lesen. Es ist ein Stoff aus dem Material unseres Lebens, unseres Körpers – ein mythologischer Stoff also (auch wenn es um die kleine Abbie Humphrey geht). Mann und Frau, Mutter und Kind, Sieg und Niederlage, Finden und Verlieren sind seine Elemente. The life journey of growth, development, and transformation ist sein Gegenstand.

Die Wünschelrute des Autors schlägt aus, wenn er von Baby Abbie liest. Ihn kann es nicht beruhigen, daß sie gefunden ist, er gerät eher in einen Zustand der Erregung wie Highsmith, wenn sie auf »Ideenkeime« stößt. In den täglichen »Novellen«, den Neuigkeiten, ist er auf der Suche nach den ALTEN Geschichten, den immer gleichen Motiven, die zur Anteilnahme verleiten: Rivalität und Rache, Mut und Maßlosigkeit, Liebe, Tod und Teufel. Im Unbekannten trifft er auf alte Bekannte:

Gute und böse Feen... Mütter und Stiefmütter... echte und unechte Prinzessinnen... Finsterlinge: Böse Wölfe... Vampire... Geizige Gnome, die unterirdische Schätze hüten... dunkle Rächer...

und Lichtgestalten (schlagen Sie nur einmal die Sportseiten auf): junge Götter... Prinzen... musikalische junge Hirten, die ihre Schleuder schwingen... unerschrockene Müllersöhne... Gunther und Siegfried... Paris und Menelaos, Ajax, Hektor, Achilles...

Ein unerschöpflicher Steinbruch der Narration, eine Fundstelle für uns Archäologen der anderen Art, ist Troja. Auch die Besiegten, die von dort ausziehen, sind Helden und haben auf ihre Art ganze Geschlechter von Helden zu Nachfahren gehabt: Kassandra und Aeneas... Von dem alten Odysseus ganz zu schweigen, der uns heute als Ferntourist auf den Flughäfen der Welt begegnet oder manchmal auch im Stau in der Gegend von Emmendingen.

Frankfurter Rundschau »Aus aller Welt« vom besagten 18. Juli:

»NACH 1400 KILOMETERN TÖDLICH VERUNGLÜCKT«
– *Übermüdung war offenbar die Ursache eines Verkehrsunfalls, bei dem Samstag morgen auf der Rheintal-Autobahn eine Frau ums Leben kam. In dem verunglückten PKW, der mit hoher Geschwindigkeit auf einen Lastwagen aufgefahren war, wurden zudem drei Insassen verletzt. Der Unfall ereignete sich, nachdem die vier jungen Leute nach einem glühenden Sonnentag in Spanien eine rund 1400 Kilometer lange Nachttour ohne Fahrerwechsel zurückgelegt hatten. Etwa 100 Kilometer vor dem Ziel krachte es.*

Diese Art Unvernunft kommt uns merkwürdig bekannt vor. Zuerst hält man sich unbedenklich lange an den Stränden auf, erliegt den Versuchungen von Wohlleben und Müßiggang, und dann kann es auf einmal nicht schnell genug Richtung Heimat gehen... Ein Autor erkennt das Muster. Getarnt als Neuigkeit, tritt ihm darin das Alte entgegen, und beides zusammen erweist sich als zeitlos, als die mythologische Schicht, nach der er gräbt. Als Stoff, aus dem die Geschichten sind.

Vor allem, wenn er ein Paar entdeckt, das im Begriff steht, koste es, was es wolle, sich zu vereinigen, und sei es jenseits des Grabes – hält er die Nase in den Wind und zieht langsam die Luft ein: zwei Königskinder? Romeo und Julia? Tristan und Isolde? Chronos und Gaia? Abaelard und Héloise? Caesar und Cleopatra? Lord Nelson und Lady Hamilton? Rhett Butler und Scarlett O'Hara? Wenn es auch nur den Hauch einer Möglichkeit für sie gibt – ihrem Autor ist alles recht. Und seinem Publikum sowieso. Das ist ein Stoff!

Also im Grunde nichts Neues, nichts Eigenes?
So ist es. Im Bannkreis des Mythos sind wir in den Geltungsbereich des immer Gleichen zurückgekehrt. Nichts Neues unter der Sonne, lautet die Botschaft dort. Alle Filme sind abgedreht. Jedes Fernsehspiel versendet. Alles, was jetzt noch kommen kann, ist

Remake, die guten alten Stories neu besetzt, technisch und ästhetisch up to date. Das bahnbrechend Neue wird es ab jetzt nur noch im Bereich der Special Effects geben. Je aufregender die Effekte, je zukunftsweisender die Technik, die sie zustandebringt, desto traditioneller darf die Story sein. Je spezialisierter die Macher eines Films, desto kulturell homogener wird sein Publikum gedacht. »Jurassic Park« (USA 1993) kann jedes Kind auf der ganzen Welt verstehen. Seine narrative Sprache ist universal. Es ist die Sprache des Mythos vom Drachenkampf, vom Aufstand der Natur gegen die Zivilisation. Stephen Spielberg ist DER Meister in der Handhabung des Mythos für die Gegenwart. Jede Epoche hat die Homers, die sie verdient…

Doch ist nicht gerade Spielberg ein Beispiel dafür, daß es auch Neues gibt? Ist nicht »E. T.« originell (USA 1981)? Die Schöpfung einer ganz anderen Figur, die vorher nirgends gesehen wurde?

Aber wie kann der Besucher aus dem All uns so nah kommen? Wie können wir uns ihm so verwandt fühlen, daß wir seine Leiden und Empfindungen teilen? Heimweh, Verlassenheit, Hoffnung lesen wir ihm von den Dackelfalten ab. E. T. war der Kinotränenrekordbrecher aller Zeiten.

Sein Anderssein ist aus lauter Verwandtem zusammengesetzt: Trommelbauch, Kulleraugen… ein einziger Appell an den Erwachsenen in uns, der als Kind nie den kleinen Hund bekommen hat, den er sich so wünschte.

Und die Geschichte vom Außerirdischen, der auf die Erde kommt, eine Zeitlang mitten unter uns lebt, dann aber wieder gehen muß (»heim«), nachdem er Helfer und Tröster war, und noch vage verspricht, daß er vielleicht einmal wiederkommen wird aus seiner kosmischen Ferne – ist das nicht alles merkwürdig bekannt und vertraut? Die Blasphemie muß nur deutlich genug sein, damit man sie nicht mehr erkennt. Nicht das Neue – das Alte an der Geschichte, the myth beneath the modern story, hat ihren Publikumserfolg begründet.

Wie konnte es sein, daß 1981 ausgerechnet dieser Stoff so erfolgreich war, mit dem die Kirchen schon lange keine Besucherrekorde mehr erzielen?

Abgesehen davon, daß die Ankunft eines kleinen Erlösers in diesem irdischen Jammertal immer erfreut und Anlaß zur Rührung gibt – E. T. traf zu einer Zeit ein, als amerika- und weltweit eine gewisse Müdigkeit einsetzte angesichts der beeindruckenden Versuche, das Weltall mittels NASA zu erschließen. Die vielen Wetten, die darauf abgeschlossen worden waren, daß Urlaubsreisen ins All bald auch für Durchschnittsverdiener erschwinglich sein würden, begann man als verloren anzusehen. Erleichtert schickte man sich darein, diesen kleinen Globus zu bewohnen, und bemerkte, daß hier noch ziemlich viel zu tun übriggeblieben war. Gleichzeitig gab es die ersten Anzeichen einer gewissen Erwärmung des Klimas zwischen den Machtblöcken. Das SALT-II-Abkommen über die Begrenzung strategischer Waffen war unterzeichnet. Es war die große Zeit der Friedensdemonstrationen. Nie gingen so viele Menschen für die Utopie »Frieden und Abrüstung« auf die Straße wie in diesem Jahr. Auch die Proteste gegen Kernkraftwerke hatten ihren Höhepunkt erreicht. 1979 war der bis dahin schwerste Kernkraftunfall in Harrisburg passiert. Vier Monate darauf fiel das Raumlabor »Skylab« einfach vom Himmel. Wochenlang hatte man auf der ganzen Welt den Kopf eingezogen, während es jeden Tag um neunzig Meter näher kam. Irgendwie nahmen die Schwierigkeiten zu. Was so schön als Zukunft begonnen hatte und die alsbaldige Lösung wenn nicht aller, so doch der meisten Probleme der Menschheit versprach: der unaufhaltsame Fortschritt technischer Entwicklungen, schien auf einmal in einen finsteren Wald von Problemen zu führen, in dem es wahrhaft genug Anlaß zum Fürchten gab. Hänsel und Gretel nahmen sich bei der Hand und hielten nach einem Weg Ausschau, der da hinausführte. Das »Internationale Jahr des Kindes« wurde proklamiert. Neben den Kassen standen die Sammelbüchsen für Kinderspielplätze. Da trat dieses drollige Kerlchen auf.

»Ich will nach Hause«, sagte es.

Ich auch, schluchzte das Publikum. Wir wollen alle nach Hause. Hier gefällt es uns nicht mehr: Kalter Krieg. Kernkraftwerke. Cruise Missiles und Kinderfeindlichkeit. Wir wollen endlich nach Hause gehen.

Seht ihr, sagt Stephen Spielberg in das allgemeine Schluchzen hinein, das Beste, was es gibt, ist doch ein treuer kleiner Freund, und selbst im Universum könnte man auf nichts Besseres stoßen...

»E.T.« war der bis dahin größte Kassenerfolg in der Filmgeschichte. Tränen- und Kassenrekordbrecher sind oft aus einem Holz. Irgend jemand hat hier gewußt, was ein guter Stoff ist. (Es ist nicht Ihr Stoff. Okay. Sie wollen ja auch nicht zum Weinen bringen. Warum eigentlich nicht? Kollektive Tränen haben einen unbestreitbar sozialtherapeutischen Effekt. Spielberg hat das inzwischen immerhin mit einem Stoff wie dem zu »Schindlers Liste« geschafft.)

Wer mit dem Mythos umgeht, muß Sinn für das Aktuelle haben.

Wer auf die ewigen großen Stoffe zurückgreift, weil in ihnen das Blut pulst, das auch durch unsere Adern fließt, wer seinen Figuren Leben von dieser Art einhaucht, der muß gleichzeitig den Blick für seine Gegenwart offen haben. Er muß Relevanzen entdecken. Wer mit dem schon immer Bekannten arbeitet, den muß das Unbekannte interessieren. Wer Zeitlosigkeit und Universalität will, muß seine Zeit kennen und brandaktuell sein. Den Blutkreislauf kann man nur spüren, wenn man den Puls fühlt.

Beides brauchen wir als Autoren: die dunkleren Spuren des Mythos in den Erzählungen und taghelle Aktualität! Diesen Widerspruch müssen wir in uns vereinen, wenn wir den richtigen Stoff finden wollen.
Darum Mythos UND zeitkritische Relevanz.

Wenn in einer Notiz, einer Neuigkeit, einer Erfahrung, in all dem zufällig Gehörten und Gelesenen, irgendwo Aufgeschnapptem, das unser Rohmaterial sein kann, beides sich andeutet, wenn wir die Gegenwart von beidem fühlen, können wir richtigliegen. Dann schlägt die Wünschelrute des Autors aus, die er immer bei sich trägt. Legen Sie die alte Harfe weg und nehmen Sie statt dessen die Wünschelrute in die Hand! Wir brauchen keine Ge-

sänge immer neuer Strophen der alten Lieder, sondern gute neue
Stoffe brauchen wir.
Find the myth beneath the modern story! Und verlieren Sie bei-
des nicht aus dem Blick!

Dann kann gerade die dümmste, unbedeutendste Nachricht Ihr
Interesse als Autor fesseln. Auch das Niveau des Blattes, das Sie
aufschlagen, ist ohne Bedeutung.
Einer der kräftigsten Ideenkeime aus meiner Zucht, den ich im
Frühbeet heranziehe und von Zeit zu Zeit ein bißchen dünge,
stammt aus der Bild-Zeitung. Es war sicher die unwesentlichste
Nachricht des Tages, nur für eine Region von Interesse, und
auch da nur für die, die ihn gekannt hatten:
»Ex-Chefredakteur tot« war sie überschrieben.
*An seinem Ruhesitz in – – – (Mittelmeerraum) starb – – –
(Name), langjähriger Chefredakteur der (Name einer regionalen
Zeitung).*
So weit. So what? Ich habe ihn nicht gekannt und viele andere
Leser genausowenig. Er muß wohl einen guten Freund in der
Regionalredaktion der Bild-Zeitung gehabt haben, nehme ich
an.
Aber jetzt kommt noch ein Satz, der mich sofort elektrisiert
hat:
Am selben Tag starb auch seine Frau Amélie (Name geändert).
Sieh an: Philemon und Baucis!
Immer schon hat mich das gereizt: die Geschichte ihrer Ehe zu
schreiben. Und jetzt lese ich es in der Bild-Zeitung: Philemon
war Chefredakteur! Wer hätte das gedacht? Und Baucis ist ihm
nach seiner Pensionierung in den Süden gefolgt. Ihr Seniorenle-
ben dort muß wundervoll gewesen sein. Ich beneide sie. Aber wie
geschah die Verwandlung? Sind sie tatsächlich zu Bäumen geworden, heutzutage, da Bäume immer kürzer und Menschen immer länger leben? Und welcher Gott war es, der bei ihnen ein-
kehrte? Fragen über Fragen. Vorsichtig taste ich etwas am Puls
der Zeit herum:
All die rüstigen Greise auf – sagen wir – Gran Canaria sind keine
Greise. Es sind Erlebnistouristen. Auch sexuell, vermute ich.

Jetzt, da sie Zeit haben, wollen sie gewiß den ganzen Genuß und halten sich durch Trainingsprogramme dafür fit. Sind sie mit ihren Lebenspartnern hier, den Jugendlieben, die sie vor fünfzig Jahren geheiratet haben? Möglich. Möglich ist aber auch, daß sie eher dem Erlebnis-Sex als Programm den Vorzug geben, zumal die Ex-Chefredakteure unter den Bewohnern der Bungalows nahe der Strände und Golfplätze. Könnte es sein, daß Baucis ziemlich enttäuscht von Philemon ist? Und das nicht erst seit gestern, sondern schon seit sie vor fünfundvierzig Jahren die ersten, noch dilettantischen Ausreden durchschaute? War ihre Ehe vielleicht ein Zweikampf, der sie mit den Jahren zu ebenbürtigen Kampfpartnern machte? Hat Baucis es Philemon mit gleicher Münze heimgezahlt? Was besiegelte ihren Bund, der trotzdem lebenslang gehalten hat? Welche Verabredung zwischen ihnen blieb so wirksam, daß sie sich zum Sterben trafen? War es Mord? Oder Selbstmord? Und wer hat wen in den Tod mitgenommen? Wo verläuft die feine Grenze zwischen »lebenslang« und »lebenslänglich«?

Liebe und Alter – etwas sagt mir, daß es ein guter Stoff sein kann: Der Traum vom lebenslangen Glück in Zweisamkeit (Philemon und Baucis) und die geänderten Bedingungen, denen Ehen standhalten müssen, wenn sie dauern sollen – beides kommt darin zusammen: Mythos und zeitkritische Relevanz.

Einstweilen wässere und dünge ich den Trieb von Zeit zu Zeit. Wenn schließlich nichts aus ihm wird, liegt es an mir und nicht an ihm.

Dabei war es eine Nachricht, wie sie für die zeitunglesende Öffentlichkeit unbedeutender kaum sein kann.

Denn gute Stoffe sind nicht spektakulär!
Ihre Relevanz ist von anderer Art als die der Nachrichten. Im Bereich der Narration »zählt« nur der Einzelfall und nicht die große Zahl. Furcht und Mitleid erregt nur ein Wesen, das stellvertretend für mich selbst leidet. Die große Katastrophe ist nichts als eine Zahl, der ich weder helfen kann noch will. Doch wer ein einziges Kind gesehen hat, das Hilfe braucht, ist für die Gleichgültigkeit verloren... Hilfsorganisationen wissen das. Sie

arbeiten mit dem narrativen Prinzip, wenn sie nicht einfach zu Spenden aufrufen, sondern individuelle Patenschaften vermitteln.

Die mitmenschliche Indifferenz, die wir im Medienzeitalter beklagen, hat diese Kehrseite:
Wir sind ausschließlich entflammbar für den Einzelfall.

Hier wie anderswo sind wir die Nachfahren derer, die auf ihren Streifzügen durch die Wildnis nur hier und da mal auf Artgenossen trafen und vorrangig mit dem Projekt Überleben beschäftigt waren. Es brauchte immer schon »Kunst«, um unseren Blick auf das zu lenken, was weder Jagdbeute, noch Sexualobjekt oder Leibesfrucht für uns ist, sondern ein Anderes, Fremdes, in dem wir uns plötzlich selbst wiedererkennen: Hochgradig gefährdet. Kämpfend. Leidend. Sich Wunden leckend, die nicht heilen wollen. Verliebt. Verletzt. Ein Kind, das, ohne es zu merken, alt geworden ist. Besiegt und unfrei. Mit dem unbesiegbaren Wunsch nach großen Momenten und Unabhängigkeit. Identifikation ist der Schlüssel zum Fremden, Anderen. Das narrative Prinzip ist identifikationsstiftend. Auch darin liegt der humane und humanisierende Kern des Erzählens.

Gerade im Zeitalter uns überflutender Nachrichten, der ständigen Präsens von Katastrophen in unseren Wohlstandswohnzimmern, kann nur das narrative Prinzip retten. Wenn in einem Berichterstatter, einem Kameramann nicht auch ein Stück von einem Erzähler steckt, läßt uns die Nachricht kalt, die er übermittelt. Identifikation, das heißt die Erkenntnis, daß mich angeht, was da geschieht, ist nur möglich, wo mein Blick aufs einzelne gelenkt wird, auf das für sich genommen politisch ganz Unbedeutende. Jede Nachricht bezieht ihre Relevanz von daher – nicht von ihrem Stellenwert im politischen Kalkül. Wo beides zusammentrifft, hat mit der Humanität auch das narrative Prinzip gesiegt.

(Wer es als Alibi verwendet, um kleine Anekdoten an die großen Nachrichten anzuhängen, nichtige, dumme Histörchen ohne Relevanz, verspielt diese Möglichkeit. Gewisse Nachrichtensendungen liefern das Anschauungsmaterial dazu…)

Was uns wirklich interessiert, ist der Einzelfall. Das Gesicht, nicht die Menge. Das Schicksal, nicht die Epoche. Das Private, das sich in allem Öffentlichen verbirgt.

(Die Boulevard-Presse weiß um das Prinzip. Doch sie kümmert sich nicht um den anderen Pol: zeitkritische und politische Relevanz. So kann sie leider zur Humanisierung der Medien wenig beitragen.)

»Something very special, very private« (Angela Carter, The Bloody Chamber) zeichnet einen guten Stoff aus. Es kann gar nicht »special«, nicht »private« genug sein.

Und das schließt die großen Stoffe ja keineswegs aus. In Shakespeares Königsdramen treten uns die Herrscher der englischen Geschichte privat entgegen und haben ihre ganz eigenen speziellen Probleme. Das ist es, was ihr Leben zum Stoff für Dichtung macht. Wenn Sie je Richard Adams' »Watership down« (»Unten am Fluß«) gelesen haben, wissen Sie, daß die Welt auf das Maß eines Kaninchenbaus schrumpfen und gleichwohl alles enthalten kann, was die Welt ausmacht. Das Schicksal der Kaninchen auf einem Stück Bauerwartungsland kann uns mehr als alles andere bewegen. Das ist ein Stoff! Er besitzt zeitkritische Relevanz (es geht um Umweltprobleme) und mythologische Tiefe (es geht um den langen Marsch der Kinder Israels ins Gelobte Land). Es geht um Liebe und Macht, um Niederlage und Sieg geht es und um die große Vision eines besseren Lebens. Nichts könnte uns mehr interessieren...

Ein Freund von mir, ein Autor, ruft mich manchmal an, um mir von seiner Arbeit zu erzählen. Es sind unglaubliche Dinge, über die er schreibt. Ganz erstaunliche Begebenheiten, die sich zwischen Alaska, St. Petersburg und Madrid zutragen, unter Wasser, in der Luft, teilweise auch zu Land. Die Handlung spannt sich vom Spätmittelalter über die Zeit der Entdeckungen bis in die Gegenwart. Der Sieg Britanniens auf den Meeren der Welt spielt dabei eine Rolle, sowie eine Art Gral in Gestalt einer Formel, die die Probleme der modernen Energiewirtschaft lösen hilft. Es ist so eindrucksvoll. Alles hängt irgendwie mit allem zusammen. Er glüht vor Eifer und dem Drang zu beweisen, daß es so ist.

Wenn ich dann wieder etwas von ihm lese, hat er von seiner Kindheit im Dorf erzählt. Als Junge besaß er ein Huhn, das ihm zur Strafe geschlachtet worden war. Am nächsten Tag kam die Suppe auf den Tisch... DAS ist ein Stoff! Britanniens Seeherrschaft würde ich darum geben, daß er nichts von der Suppe essen muß. Und mehr noch: Ich verstehe, was Macht bedeutet, wenn sein Vater ihn zwingt, wenigstens einen Löffel voll zu kosten. Macht über Seewege, Menschen und Seelen von Menschen... Allerdings schreibt er diese Kindheitsgeschichten nur so zum Zeitvertreib, glaube ich. Im Ernst sitzt er noch immer an dem Superding...
Ich sage nicht, daß er unrecht damit hat. Es ihm auszureden, wäre so zwecklos, wie einen Freund überzeugen zu wollen, daß er sich in die Falsche verliebt hat. Liebe hat immer recht. Woran wir Tag und Nacht denken, dessen Bedeutsamkeit muß nicht nachgewiesen werden.

Wieviel mythologische Tiefe und zeitkritische Relevanz ein Stoff auch immer haben mag – wenn nicht hinzukommt, daß er Sie im Griff hat, daß er auf alle Ihre Interessen und Wahrnehmungen wie ein Magnet wirkt, wenn es nicht »Ihr« Stoff ist, wird ohnehin nichts daraus werden. Die Arbeit für ein Buch oder einen Film ist eine heftige längerfristige Affäre. Etwas Unwägbares ist auch im Spiel. Something very private... Eine Art Duft, wie Schiller ihn angeblich aus leicht fauligen Äpfeln sog, um sich in den Zustand schöpferischer Erregung zu versetzen.
Wenn Sie »Ihren« Stoff haben, werden Sie es daran merken, daß plötzlich alles für Sie darauf hinauszulaufen scheint.
Seltsame Chemie der schöpferischen Prozesse. Man schlägt die Zeitung auf, und plötzlich steht da ein Beitrag, den man gebrauchen kann. Man geht ins Kino und kommt, den Kopf voll neuer Ideen zum eigenen Thema, heraus, obwohl der Film von ganz anderem handelte. Bücher, in denen steht, was man gerade gesucht hat, fallen einem von selbst in die Hände. Die Welt ist voller Anspielungen. Alles scheint mitzuweben an dem Stoff, um den es einem geht. Eine Art Photosynthese ist wirksam und führt der Pflanze, die aus dem Keim entsteht, Nahrung zu. In ihr

scheint plötzlich die Kraft zu wohnen, sich alles anzuverwandeln, was sie verwerten kann. »Der Magnetismus eines die Seele füllenden Interesses ist stark und geheimnisvoll… Es dirigiert, formt und färbt das äußerliche Erlebnis, die gesellschaftlichen Begegnungen…« schreibt Thomas Mann in bezug auf die Entstehung seines »Doktor Faustus« (Reden und Aufsätze, Bd. 3, Fischer TB 1990, S. 178) und wundert sich noch im nachhinein, wie damals (1943), als er am Roman eines »Tonsetzers« schrieb, alles, »was an Geselligkeit damals das Gleichmaß« seines Lebens unterbrach, »wie von ungefähr musikalisch bestimmt« war: »Zum Abendessen bei Schönbergs… Soirée mit Strawinski… Längere Zeit mit Klemperer…« So geht es einem Autor, der seinen Stoff gefunden hat. Alltagserlebnisse, Reisen, Begegnungen, Lektüre, familiäre und politische Umstände, Wetter, Stimmung, Befindlichkeit, vegetative Disposition – alles mündet in die Entstehung eines Romans und wird ein paar Jahre später (1949) aus Tagebuchaufzeichnungen rekonstruiert und mit der Gründlichkeit und dem Ernst des Egomanen zum »Roman eines Romans«, der »Entstehung des Doktor Faustus«, hochstilisiert. Die Bedeutung des Werkes wird vorausgesetzt.

An seinem Anfang jedoch steht selbst bei Thomas Mann die große Unsicherheit: Soll er, der haushälterisch mit seiner Lebenszeit und -energie umgeht, sich auf seine alten Tage einem solch kräftezehrenden Projekt widmen? Oder »Lieber erst noch was anderes«, zum Beispiel die Fortführung der Fragment gebliebenen »Bekenntnisse des Hochstaplers Felix Krull«? Zum Abendessen bei Bruno Frank in Beverly Hills eingeladen, teilt er »Vertrauliches über den Faust-Plan« mit.

»Wie, ich konnte mich alten Freunden schon darüber anvertrauen, bei gänzlicher Fraglichkeit von Form, Handlung, Vortragsart…?« fragt er sich später selber. »Mit welchen Worten mag es geschehen sein?« (S. 159)

Die Verlegenheit beim Sprechen über seinen Stoff hat bei aller Überzeugtheit vom Rang seines Werkes auch Thomas Mann eingeholt. Denn den Stoff an sich gibt es gar nicht. Er existiert im Modus des Nochnichtvorhandenseins. Ohne »Form, Handlung, Vortragsart« (Stil) ist er im Grunde nichts, worüber man sprechen kann. Er entsteht mit dem Werk. Im nachhinein ist es erst ein Stoff. Vorläufig tritt er in nichts als einer gewissen Erregtheit seines zukünftigen Autors in Erscheinung. Für sich genommen ganz unbedeutend:

Also, da ist dieser Mann, der durch Dublin geht… Nein, es passiert nichts, es ist einfach ein Tag wie jeder andere…

Oder: Da ist diese Frau, die Gift nimmt, weil sie Schulden hat… Eigentlich nicht aus Liebe, nein, darum geht es nicht. Sie ist eine ganz normale frustrierte Ehefrau…

Oder: Eduard. Er verliebt sich in die Nichte seiner Frau, und am Ende stirbt sie (die Nichte) an Magersucht. Aber da ist seine Ehe natürlich ruiniert… Woran erkennt man, daß es sich um drei der bedeutendsten und erfolgreichsten Romane der Weltliteratur handelt? An den jeweiligen Stoffen liegt es sicher nicht.

Und doch. Ein Tag im Leben eines durchschnittlichen Verlierers. Die Ehebrüche einer Landarztfrau. Die tödliche Affaire eines Mannes mit der Nichte seiner Frau: Jedes für sich ist ein Kontinent. Ehemals unerforscht. Weiße Flecken auf der Landkarte des Bewußtseins, bis sich Joyce, Flaubert, Goethe an ihre Erforschung wagten. Expeditionen ins Privateste. Ebenso kühn und gefährlich wie der Besuch auf fernen exotischen Inseln. Wie alle Entdecker mußten sie ihr Ziel zuerst erfinden, bevor sie es bereisen und ankommen konnten. Wie immer in solchen Fällen winkte man ab und gab ihnen zu verstehen, daß sie verrückt seien. Ein Autor seiner Geschichte ist der einzige, der an sie glaubt. In diesem Stadium jedenfalls. Und man tut gut daran, nicht zu versuchen, sich des Beifalls von irgend jemandem zu versichern.

Es sei denn, daß man Geld braucht.

Was ja der Fall ist. Das ewige Dilemma von Filmemachern, Autoren und anderen Entdeckern neuer Seewege. Sie haben selten genug eigenes Geld, um das Schiff auszurüsten. Sie besitzen in der Regel nichts als ihre Idee im Kopf. Und können sie beweisen, daß da wirklich etwas ist, wo sie es suchen? Nicht einmal das. Sie brauchen ähnlich Verrückte, wie sie es sind. Verleger, Filmproduzenten, Abteilungsleiter von Sendeanstalten, ihre Redakteure, Lektoren, die Mitglieder von Fördergremien, Sponsoren und andere Könige – sie alle müssen ein paar Tropfen Entdeckerblut in sich haben, eine Spur von der Kühnheit, die zu neuen Ufern strebt.

Und die armen Autoren müssen sich in der Kunst üben, ihre armen Ideen zu verkaufen. Ideen sind immer arm, immer unbedeutend und nackt im frühen Stadium ihrer Naszenz:

Also, da ist dieser Mann, der durch Dublin geht... Hätten Sie einen Pfifferling dafür gegeben?

Exkurs I
»Madame Bovary c'est moi«
Über das seltsame Verschwinden und Wiederauftauchen des Autors in seinem Text

Autobiographie. Diesen Stoff gibt es gratis. Kein Sammeln. Keine Recherche. Jeder hat ihn schon. Kaum ein größerer Autor, der daraus nicht seine Funken geschlagen hat. Irgendwie sind sie alle *à la recherche du temps perdu.*

Aber das ist auch, wer ein Fotoalbum zusammenstellt oder seinen Videofilm aus dem Urlaub zeigt. Wir alle sind Dilettanten, was unsere eigene Geschichte anbelangt. Jeder Amateur kann Autor der eigenen Geschichte werden.

Wenn ich schreiben könnte! sagt die Frau, bei der ich meine Kleidung zum Reinigen abgebe. Ich habe so viel erlebt. Das glaubt mir keiner, was ich alles erlebt habe. Sie sind doch Schriftstellerin, sagt sie, würden Sie das mal durchlesen, was ich geschrieben habe? Ich war nicht gut in der Schule, wissen Sie, meine Rechtschreibung... Immerhin billigt sie mir die Kompetenz einer Deutschlehrerin zu. Ja, es stellt sich heraus, daß sie darin das Anforderungsprofil meines Berufes sieht: Ich kann fehlerfrei schreiben, glaubt sie. Zu erzählen hat sie selbst genug.

Sie hat sechs Kinder. Zwei davon sind behindert. Ihr Mann ist Frührentner. Ich nehme ihr das ab, daß es dem Buch ihres Lebens an Stoff nicht mangelt. Vielleicht kann sie auch erzählen. Manche Menschen sind Meister im mündlichen Erzählen. Ich bewundere das. Ich selbst erziele bei meinen Zuhörern in der Regel nur mäßige Erfolge mit meinen anekdotischen Fassungen von Selbsterlebtem. Ich arbeite daran, ohne daß es bisher zu einem Durchbruch kam. Wo also endet die Amateurliga? Wo beginnt der Beruf Autor? Wir sprechen nicht von der Weltrangliste, sondern von den Kriterien der Professionalität.

Schreiben kann jeder Non-Analphabet.

Keine andere Kunst wird von so vielen als ihre eigene betrachtet.

Kommerzielle Institute werben für ihre Fernlehrgänge und verheißen »allen, die immer schon gerne schreiben wollten« den siebten Himmel der Selbstverwirklichung und des sozialen Erfolgs.

Als hätten wir noch Goethezeit. Als sei Dichter zu sein immer noch das Höchste, was ein Mensch aus sich machen kann. Als würde dem, der gut schreibt, immer noch Lorbeer aufs Haupt gedrückt. Nach der Größe und Plazierung der betreffenden Annoncen zu urteilen, muß der Markt der falschen Hoffnungen riesig sein.

In keiner anderen der Künste scheinen die Schwellen so niedrig zu liegen. Wer glaubt, durch einen Fernkurs in den Olymp der Malerei oder Bildhauerei zu gelangen? Oder eine Karriere als Konzertpianist machen zu können, nur weil man früher als Kind ein paar Jahre Klavierunterricht hatte?

Wer nicht gern so viel üben mag und sich außerdem bildnerisch eher für unbegabt hält, kann aber immer noch Autor werden. Das Instrument üben wir schließlich jeden Tag. Ein paar zusätzliche Tricks (»Erfolgreiche Schriftsteller zeigen Ihnen, wie man's macht«) – und es kann losgehen. In puncto Weltkenntnis macht uns ohnehin keiner so leicht was vor.

Als Ludwig Harig aus einem seiner autobiographischen Romane las, in dem er von seinen Erfahrungen als Hitlerjunge und jugendlicher Mitläufer des Nationalsozialismus erzählt (»Weh dem, der aus der Reihe tanzt«, 1991), erlebte er immer wieder, daß seine Zuhörer ihm mit ihrer eigenen Geschichte kamen: Das ist ja gar nichts, sagten sie, wenn Sie wüßten, was ich erlebt habe! Ich könnte was erzählen! Aber mich fragt ja keiner! Sie waren etwas empört, daß keiner bei ihnen nachgefragt hatte, was sie erlebt hatten.

So ist es: Literatur entsteht ganz ungefragt.

Auch Ludwig Harig ist von niemandem bedrängt worden. Er hat es einfach erzählt, woran er sich erinnern konnte. Auf einmal waren es dann viele, die sich an seine als ihre eigene Geschichte erinnerten. Am liebsten wäre es ihnen gewesen, wenn er sich als Ghostwriter für sie zur Verfügung gestellt hätte. Was sie ihm zubilligen mochten: Daß er besser als sie schreiben konnte. Wie meine Reinigungsfrau es mir zubilligt. Auch sie glaubt aber wie die Zuhörer von Harig, daß sie die bessere Autorin ist, weil sie die besseren, die wichtigeren Erinnerungen hat.

Nebenbei: Was kann es für einen Autor Schöneres geben, als der Ghostwriter seiner Leser sein? Ihr Mietschreiber? Ich wünsche mir das eigentlich. Es ist so etwas wie die Quintessenz meiner Berufsauffassung.

Echte Mietschreiber (es gibt sie!) wissen, worum es ihren Auftraggebern geht. Alten Herren, die ihr Leben für die Nachkommen aufzeichnen lassen: Verbale Ölportraits für die Familiengalerie, wo sie in ihrer Ausgehuniform posieren. Der kleine Mann behilft sich mit den Legenden, die er in Umlauf bringt, indem er ihre Deutung sogleich mitliefert:

Ich bin ein ehrlicher Mann, beginnt er...

Ich kann keiner Fliege etwas zuleide tun...

Die Geschichten, die folgen, fangen mit »aber« an.

Dem Schöpfer seiner Memoiren geht es um ein konfektioniertes Bild seiner selbst, um Selbstrechtfertigung. Erinnerungsinhalte werden in den Rang von Histörchen erhoben und zur Rechtfertigung der gegenwärtigen Existenz verwendet. »Ich« bin das Resultat der Erlebnisse, die ich zum besten geben kann. Darin sind wir alle miteinander Autoren. Auch wir arbeiten an der Legenden- und Mythenbildung unserer Existenz. Auch wir posieren am liebsten in unserer Ausgehuniform. Sie kann bunt, schrill, geflickt, lang, kurz, eng, weit, ein Fummel sein. Wenn wir unangepaßt sind, nähen wir sie eben aus diesem Stoff. Ein Kleid ist es auf jeden Fall. Schließlich können wir nicht nackt aus dem Haus gehen.

Nackt? Unversehens sind wir an einem sehr heiklen Punkt angekommen. Am heikelsten vielleicht. Es ist gleichzeitig der Prüfstein für die Professionalität des Schreibens.

Man wird Ihnen sagen, daß er im Grad der sprachlichen Meisterschaft liegt. Das ist richtig.

Sie werden an Ihrem »Stil« arbeiten müssen. Das ist gut. Was es auch immer bedeuten mag. Sie wissen, daß es etwas mit der radikalen Subjektivität Ihrer Arbeit zu tun hat, und werden das nie aus dem Blick verlieren. Das ist wichtig.

Man wird Ihnen auch erklären, daß es um die Beherrschung des Formalen geht, Gattungen, Dramaturgie…

All das ist richtig, es ist gut und notwendig.

Aber es gibt viele, die daran arbeiten. Viele auch, die es schon ganz gut können, entmutigend viele. So viele professionelle Autoren kann es überhaupt nicht geben, wie es Menschen gibt, die gut schreiben können. Alle haben sie irgendwie einen Stil, wenn es auch nicht immer ihr eigener ist. Alle haben sie Kafka gelesen, Joyce, Virginia Woolf, GrassLenzWalser, Tausende von Rezensionen und wissen irgendwie, wie das geht. Inzwischen gibt es auch schon Scharen von Hausfrauen, die Volkshochschulkurse für Drehbuch besucht haben, Schüler, die mit alerten Deutschlehrern Drehbücher entworfen haben und wissen, was ein Plot-Point ist. All das ist richtig und gut und begrüßenswert. Aber das professionelle Schreiben, ob Literatur oder Film, fängt woanders an.

Ich spreche hier nicht vom Brotberuf Autor. Das ist ein anderes Feld. Ich spreche von der Kunst des Erzählens, von nichts anderem.

Sie hat eins zur Voraussetzung:

den radikalen Verzicht auf Selbstrechtfertigung.

»Ich sehe keinen Fehler begehen, den ich nicht auch begangen hätte.« – Hier spricht ein Autor. Jemand, der sich und andere radikal beobachtet und nicht auf Distanz geht, um zu verstehen, was er sieht, sondern die Nähe dazu in sich selber sucht.

Der alte Goethe hat so gesprochen. (Maximen und Reflexionen, Hamburger Ausg. Bd. 12, S. 542)

Das ist es, was Sie zum Autor macht: Die Bereitschaft zur vorbehaltlosen Empathie. Zur Einfühlung ins Fremde, ins »Unerhörte«, das immer auch »unschicklich«, verboten ist.

Empathie bis zur Identifikation. Zwischen Ihnen und dem, was Sie darstellen, wird es nicht mehr Abstand geben, als daß man eine Buchseite dazwischenschieben kann. Was Sie geschrieben haben, wird für Sie stehen. Und Sie werden für das stehen, was Sie geschrieben haben.

Dazu braucht es kein »Ich« in Ihrer Erzählung. Benutzen Sie ruhig die dritte Person. Es ändert nichts daran. Ja, verlassen Sie den Bezirk Ihrer Phantasie und schreiben Sie über Personen, die historisch sind und ganz auf eigene Rechnung gefehlt, geirrt, verloren haben: Es nützt Ihnen nichts. Mitgefangen, mitgehangen. Wie soll ein Blinder die Farbe beschreiben? Wie soll jemand, der nicht weiß, wohin Eifersucht ihn führt, von der Eifersucht erzählen, wie Claude Chabrol es tut (»Die Hölle«, 1994). Schreiben Sie über einen Denunzianten – und Sie haben sich selber denunziert.

Sie werden sich nicht herausreden können. Als Autor sind Sie überführt. Es wird schwarz auf weiß dastehen.

Das soll nicht heißen, daß Sie eine Mörderin sein müssen, um Krimis zu schreiben. Aber Sie haben die Mörderin in sich auch nicht verleugnet, indem Sie es tun. Sie haben sich nicht ausreichend von ihr distanziert, um Ihr Wohnrecht im Haus der anständigen Leute zu behaupten.

»Was macht eine honorige, badische Arztfrau zur Schreibtisch-Mörderin?«, wird Deutschlands erfolgreichste Krimi-Autorin Ingrid Noll in einem SPIEGEL-Gespräch (Nr. 31, 1.8.94) gefragt.

»Der Erfolg kam erst, als ich hundsgemein wurde«, sagt sie. »Das lesen die Leute gern...« Und: Wenn man »sich selbst mal bei Mordgelüsten ertappt, das wäre ein schöner Effekt.«

Ingrid Noll kann sich auf die Gepflogenheiten des Genres berufen. Das macht es leicht für sie. Sie hat außerdem einflußreiche Verwandte: Agatha Christie, Fay Weldon, Patricia Highsmith und all die anderen hinreißend bösen Frauen, die vorzugsweise im feucht-nebligen Klima Britanniens gedeihen.

Aber auf wen wollen Sie sich berufen?

Um es gleich zu sagen: Sie müssen es allein durchstehen. Auch Ingrid Noll mußte das zunächst.

Möchten Sie mit John Irving tauschen? Jede Zeile von ihm enthält den Verzicht darauf, zu dementieren, daß ihm die Katastrophen und Niederlagen der Liebe bekannt sind.

Oder mit Nabokov, der sich in keinem Wort für seinen großen Kinderschänder entschuldigt?

Beide folgen sie ihren Figuren bis in die tiefste Niederlage, beide genieren sich nicht für sie, wenn es peinlich wird, ja, gerade dann sind sie zur Stelle und rücken keinen Fußbreit von ihnen ab. Beide lassen sie sich schämen und schämen sich selber nicht dafür!

Garp tritt aufs Gaspedal, obwohl er weiß, daß es Glatteis gibt. Die Eifersucht hat ihn blind gemacht. Hinter ihm sitzen die Kinder. Garp gibt noch mehr Gas. In der Einfahrt vor seinem Haus parkt ein Auto. Garp weiß, wem es gehört. Mit Vollgas biegt er ein. Der Wagen schlingert. Das ist ja wie im Traum, sagt der kleine Walt... (John Irving, The World according to Garp, NY 1978, dt. Garp und wie er die Welt sah, 1979)

Mit dem nächsten Kapitel wachen wir wieder auf und begreifen, daß Walt tot ist und der junge Freund von Garps Frau kastriert. Nicht der Schatten eines Zweifels, wie das geschehen ist. Diese Familie besteht aus einem betrogenen Ehemann, der Amok gefahren ist, einer ehebrecherischen Frau, die ihrem jungen Lover infolge eines Auffahrunfalls leider den Schwanz abgebissen hat, und einem leicht verletzt überlebenden Sohn, der für den Rest seiner Tage unrettbar traumatisiert sein muß.

Das alles ist unsäglich. Schmerzhaft und lächerlich zugleich. Es ist Literatur.

Möchten Sie dafür geradestehen?

Können Sie darauf verzichten zu dementieren, daß Sie mit dem Exzeß, der Niederlage, der Maßlosigkeit auf du und du sind? Sie werden in flagranti mit dem Verlierer angetroffen werden. Mit dem Verschmähten. Der Sitzengelassenen. Mit dem Verbrecher vielleicht sogar. Ach, wird man sagen, Sie sind also auch so einer... (Von irgendwoher wird plötzlich dreimal der Hahn krähen.) Werden Sie standhalten? Werden Sie es unterlassen, sich zu entschuldigen? Werden Sie sich nicht herausreden? Das ist der Autor-Test!

»Madame Bovary c'est moi«, heißt das Credo. Indem der Autor es vorspricht, kann der Leser es nachsprechen. Und ohne daß er es nachzusprechen lernt – warum soll er lesen, was einer dummen kleinen Pute von Landarztgattin widerfährt? Wie leicht macht sie es dem Leser, sich ihr überlegen zu fühlen! Sie ist eitel und töricht, ziemlich geistlos und unerfahren. Ihr Autor unternimmt nichts, um sie zu entschuldigen. Nichts, um sich zu distanzieren.

Ich kenne diese Frau, wie ich mich selbst kenne, gibt er in jedem Satz bekannt. Nach eigenem Bekunden wollte er »Bruder in Gott sein von allem, was lebt, von der Giraffe und vom Krokodil ebenso wie vom Menschen«.

»Man nennt das Schriftsteller sein«, fügt Julian Barnes hinzu, der Flaubert kennt und liebt und selbst ein wahrer Schriftsteller ist (Flaubert's Parrot, London 1984, dt. Flauberts Papagei, Zürich 1987).

Die eine große Sünde wider den heiligen Geist der Schriftstellerei:

Seine Figuren zu denunzieren.

Flaubert hat das nie getan. Auch Nabokov und John Irving haben das nie getan. Der liebe Gott und die Leser sind keine Kritiker. Ihnen ist es egal, welchen Rang sie sonst bekleiden mögen: Flaubert, Nabokov, John Irving kommen in den Schriftstellerhimmel. Ich könnte Ihnen ein paar hochgeschätzte Autoren nennen, die nicht hineinkommen, weil sie sich der Sünde der Denunziation schuldig gemacht haben. Sie führen ihre Figuren in irgendein Desaster, dann zeigen sie mit dem Finger auf sie, wenden sich zum Leser und sagen: Das wäre uns nicht passiert. Und mit einem Blick zum Himmel: Lieber Gott, ich danke dir, daß ich nicht bin wie jene, über die ich schreibe!

Sie haben ihren Lohn dahin, behaupte ich, will aber keine Namen nennen. Schließlich bin ich nicht der liebe Gott. Sonst wäre ich Kritikerin geworden...

Sie verstehen, daß ich nicht vom Rang eines Autors rede, sondern von seiner Legitimation als Erzähler. Sie besteht im Verzicht auf Denunziation, in der Bereitschaft, sich gemeinsam mit seinen Figuren beim Ehebruch ertappen zu lassen, bei kleinen Lügen und Eitelkeiten und bei großen Verbrechen, wenn sie sie denn begehen.

Gemeinsam – Autor und Leser – haben wir uns damit vom Kreis der Wohlanständigen distanziert. Vom Kreis der Rechthaber, der politisch Korrekten, der Vorbildlichen. Literatur ist keine Kerze, die zur Besserung der Menschen angezündet wird. Sie handelt von den immer gleichen Fehlern: sich einzumischen…, zu lieben…, nicht bleiben zu können, wo man ist… Wenn Sie Lust haben, sich am öffentlichen Pranger wiederzufinden, dann schreiben Sie!

Und stellen Sie sich doch gleich freiwillig da hin: Schreiben Sie autobiographisch!

Dabei geben Sie nicht mehr und nicht weniger von sich preis. Die Schnüffler werden Sie auch in der dritten Person aufspüren. Und mit den Lesern haben Sie sich genau dort verabredet, wo man Sie selbst antrifft…

Der Verzicht auf Denunziation der Figuren schließt den Verzicht auf Selbstrechtfertigung ein – und umgekehrt. Wer in der dritten Person schreiben kann, spricht ohnehin von sich selbst und kann es auch in der ersten. Das sogenannte auktoriale Erzählen birgt keine Möglichkeiten größerer Distanzierung vom Gegenstand! (Ein weit verbreiteter Irrtum.) Es bedingt zwar eine andere Perspektive, hat einen anderen Ton zur Folge, aber das Gebot der radikalen Empathie bleibt dabei in Geltung. Empathie bis zur Selbstbezichtigung.

Wer von sich selbst erzählt, hat sich zur Figur gemacht und Selbsterlebtes zum Stoff. Zwischen ihm und dem Ich, über das er schreibt, besteht kein anderes Verhältnis als das des Autors zum Protagonisten seiner Geschichte. Mühelos kann er von der ersten zur dritten Person wechseln und ist es immer noch selbst, von dem die Rede ist. Ebenso mühelos kann er von der dritten zur ersten Person wechseln. Wenn ein Protagonist mit eigener Stimme spricht, bleibt er Geschöpf seines Autors, wie auch das autobiographische Ich Geschöpf seines Autors ist.

Wollen Sie sich Rechenschaft geben über Ihr Leben? Schreiben Sie Tagebuch! (Und zeigen Sie es niemandem!)

Wenn Sie aber eines Tages die mythologische Schicht und zeitkritische Relevanz des Stoffs entdecken, der Ihr eigenes Leben ist, kann daraus ein Buch oder Film entstehen. Er verdient keine

Spur anders behandelt zu werden als ein »fremder« Stoff. Und Sie geben sich keine Spur mehr damit preis, als Flaubert es tat, als er sich Seite an Seite mit dieser dümmlichen kleinen Landarztehefrau sehen ließ. Und keine Spur dementierte, daß ihm bekannt war, was ihr widerfuhr. Er hat sich ganz preisgegeben, ohne ein einziges Wort über sich zu verlieren. Er ist vollkommen in seinem Roman aufgegangen und vollkommen präsent darin. In diesem Sinne »ist« er Madame Bovary.

Wenn man die Schraube noch um eine Drehung weiter anziehen kann, dann hat es Simenon getan, als er die »Mémoires Intimes« schrieb. Er schreibt nicht allein in der ersten, er schreibt auch in der zweiten Person, und an »Intimität« übertrifft er damit alles, was es an autobiographischer Literatur gibt.
Nabokov hat das auch getan. Er wechselt ins »Du«, wenn es um die Frauen seines Lebens geht. Wo sie auf der Bühne seiner Erinnerungen erscheinen, erzählt er in der zweiten Person weiter. Er adressiert, er apostrophiert nicht – nein, er erzählt in der zweiten Person, wie man gewöhnlich in der dritten oder ersten Person erzählt. »Und dann kamst du«, sagt er. Das ist die kühnste Form empathischen Erzählens, die denkbar ist.
Nabokov, Simenon stehen nicht einfach neben ihren Figuren, sie umarmen sie. Simenon an der Grenze, an der es peinlich wird. Übertritt er sie? Er erzählt von der Tochter, die Selbstmord verübt, weil sie zu sehr in ihren Vater verliebt ist. Der Vater ist er. Es ist ein Brief an die Tote und autobiographische Erzählung zugleich, was er schreibt. Heikler geht es nicht. Vor den Augen seiner Leser tanzt er mit ihr, und während sie mit dem Vater tanzt, macht er seine Leser zu Zeugen, wie das Gift inzestuöser Liebe in ihr zu wirken und sie zu zerstören beginnt.
Wer das gelesen hat, traut seinen Augen nicht. Man hält den Atem an, aber so steht es da.
Selten hat man einen Autor auf einem so hohen Seil tanzen sehen.
Simenon, Nabokov sind erfahrene Erzähler. Sie haben ein Leben lang erprobt, wie weit man gehen kann. Sie wissen beide, was sie tun. Kühnheit wird nur belohnt, wenn sie mit äußerster Profes-

sionalität einhergeht. Die »Mémoires Intimes« entstanden am Ende eines Lebenswerks von gigantischen Ausmaßen. Kühnheit ohne die Fähigkeit, das eigene Risiko einzuschätzen, führt zu den peinlichsten Abstürzen, wie man weiß. Zur Nachahmung sei das nicht empfohlen...

Verzicht auf Denunziation und Selbstrechtfertigung beim Erzählen. Das ist der Prüfstein Ihrer Professionalität.
Schreiben können Sie schließlich sowieso...

2.

Blaubarts Zimmer
Der Schauplatz als Element der Handlung

All is yours, everywhere is open to you, except the lock that this single key fits. Yet all it is the key to a little room at the foot of the west tower, behind the still-room, at the end of a dark little corridor full of horrid cobwebs that would get into your hair and frighten you if you ventured there. Oh, and you'd find it such a dull little room! But you must promise me, if you love me, to leave it well alone. It's only a private study, a hideaway…

(Angela Carter, The Bloody Chamber)

Selbst mit verbundenen Augen finden wir den Weg. Wir sind im Innern des Burghofs. Es ist schattig und kühl. Das Tageslicht dringt nicht bis hierher. Die hohen Fenster sind blind, vielsprossig, bleiverglast. Türme ragen empor, aber wir müssen uns abwärts wenden. Die Luft ist modrig, die uns aus den Kellern entgegenschlägt. Es ist still hier. Kein Laut dringt zu uns herab. Es wird uns also niemand hören können, wenn wir schreien. Feucht sind die Wände, an denen wir uns entlangtasten. Kühl und klebrig. Und ist da nicht noch ein anderer Geruch? Während wir uns im Dunkeln – denn dunkel muß es sein, freilich nicht ganz dunkel, etwas sehen wir, doch wir erkennen nichts –, während wir uns im Dunkeln abwärts tasten, immer in Angst, daß wir ausrutschen auf den feuchten Stufen, spüren wir, daß wir erwartet werden. Von wem? Von dem Schrecken. Von dem Furchtbaren, das hier wohnt. Hier und sonst nirgendwo. Am Ende dieses Gangs, dieser Treppe wohnt es und erwartet uns.

Geübte Träumer, die wir sind, verfehlen wir nie den Weg zum Bloody Chamber. Als seien wir dort schon gewesen. Mehr als einmal. Seine Topographie steht außer Frage. Sie ist uns allen bekannt, obwohl jeder für sich diesen Weg macht: Er führt immer
von oben nach unten,
vom Licht ins Dunkle,
von draußen nach drinnen,
vom hellen Tag in die Nacht,
in die Kälte,
die Enge,
die vollkommene Stille hinab.

Folgt man diesen Wegzeigern, liest man von ihnen ab, wo sie hindeuten – kein Zweifel, was uns erwartet, wenn wir dort ankommen. Es ist ein Weg in das Grab, präzise und unverblümt beschrieben. Der Tod erwartet uns.
Und warum gehen wir freiwillig zu diesem Rendezvous? Warum klopft uns das Herz vor Spannung, vor Erwartung, vor Begierde? Was suchen wir?
Caution. Dangerous. Wir sind gewarnt worden.
Man hat nach Kräften versucht, unsere Aufmerksamkeit abzulenken. Sieh dir dies Paradies an! Ein ganzes Schloß für dich, Türme, Säle und Kammern! Schätze noch und noch! Nur dieser eine Raum. Such a dull little room. Das ist der Vorbehalt, den Gott Blaubart macht.
Du würdest dich darin langweilen.
Aber nein! Alles andere langweilt uns, wenn wir dies nicht haben können: die kleine Herzkammer, sein Innerstes, sein Geheimnis. Sein private study, sein hideaway.
Caution. Letzte Warnung.
Aber wir wollen alles. Und alles ganz. Ohne Vorbehalt.
Eine Tür knarrt. Das ist sie. Der Schlüssel paßt. Dies ist unser *point of no return.*

Jede Geschichte hat ihn. Jeder Erzähler versucht, seine Leser dorthin zu führen. Er lockt sie, er verspricht, er versucht sie zu betören. Ihre Wachsamkeit und Skepsis versucht er einzulullen. Ihre Müdigkeit und Unlust versucht er zu besiegen. Ein kleines Stück weit noch, nur bis zur nächsten Biegung! Wollen Sie nicht sehen, wie es danach weitergeht?

Was für ein schönes Schloß! Wer mag darin wohnen?

Ah, Sie wollen den Besitzer kennenlernen? Ich könnte das arrangieren. Überlassen Sie alles nur mir und folgen Sie! Und wenn wir sehr viel Glück haben – und wenn Sie wollen –, könnte ich Ihnen vielleicht sogar das Burgverlies zeigen. Es gibt da ein geheimes kleines Folterkabinett. Unerhörte Dinge. Man glaubt es nicht, wenn man es nicht gesehen hat… Sie wollen? Aber es ist verboten. *Something very special. Very private.* Und –

Was?

Es könnte gefährlich werden. Ich weiß nicht, ob ich für Ihre persönliche Sicherheit garantieren kann.

Macht nichts. Gehen wir. Gehen wir.

Und das Museum? Die Kunstschätze? Die Caravaggios, die Tizians, das Sèvres-Porzellan…?

Später. Zuerst wollen wir Ihr kleines Kabinett anschauen.

Das ist der Weg, der an den Schauplatz einer Geschichte führt. Der ist gefährlich. Verboten. Er birgt ein Geheimnis. Es ist das Privileg guter Beziehungen, das Zutritt zu ihm verschafft. Beziehungen zum Autor, der den Schlüssel besitzt. Aber man geht ihn auf eigene Gefahr. Eltern haften für ihre Kinder. Ein Autor haftet nicht für das, was seinen Lesern, den Zuschauern des Films am Schauplatz des Geschehens widerfährt. Kann sein, daß sie nicht mehr dieselben sind, wenn sie hier herauskommen. Er garantiert für nichts.

SCHAUPLÄTZE EINER HANDLUNG SIND KEINE KULISSEN.
Der junge Goethe hat es als Straßburger Student erkannt.
Ein paar Jahre zuvor hatte er noch im Stil des Rokoko gereimt, eine künstliche Welt aus Leim und Pappmaché. Das junge Paar tritt im Schäferkostüm auf:

DIE NACHT

Gern verlaß ich diese Hütte,
Meiner Schönen Aufenthalt,
Und durchstreich mit leisem Tritte
Diesen ausgestorbenen Wald.
Luna bricht die Nacht der Eichen,
Zephirs melden ihren Lauf,
Und die Birken streun mit Neigen
Ihr den süßten Weihrauch auf....

Waldsterben 1768. Ein papierener Lampion als Mond. Synthetischer Duft, als wäre FCKW schon erfunden. Dann, drei Jahre später, ist das alles hinweggefegt. Kein Kostümzwang mehr. Keine Pappmachébäume. Die Leidenschaft bricht aus ihrem engen Gefängnis aus. Sie braucht den Rausch und die Nacht. Die Gefahr. Die Geschwindigkeit. Spätabends springt einer ins Auto, läßt den Motor an. Die Autobahnen sind jetzt leerer als tagsüber. Wie Schemen türmen sich Brücken, Lastwagen, Raststätten vor ihm auf. Er fährt von München nach Kiel, von Köln nach Berlin, um die Frau, die er liebt, zu sehen. Und sei es auch nur für den Rest dieser einen Nacht. Ihn kann nichts aufhalten. Wünschen wir ihm, daß er den Tank so voll wie das Herz hat. Und diese Verse im Sinn, damit er weiß, was ihm widerfährt:

Es schlug mein Herz, geschwind zu Pferde!
Es war getan fast eh gedacht.
Der Abend wiegte schon die Erde,
Und an den Bergen hing die Nacht.
Schon stand im Nebelkleid die Eiche,
Ein aufgetürmter Riese, da,
Wo Finsternis aus dem Gesträuche
Mit hundert schwarzen Augen sah.

Der Mond von einem Wolkenhügel
Sah kläglich aus dem Duft hervor,
Die Winde schwangen leise Flügel,
Umsausten schauerlich mein Ohr.

Die Nacht schuf tausend Ungeheuer,
Doch frisch und fröhlich war mein Mut:
In meinen Adern welches Feuer!
In meinem Herzen welche Glut!
(zitiert nach der Hamburger Ausgabe, Bd. 1)

Something very special, very private... Die Nacht hat Augen und Ohren bekommen. Sie schaut und atmet und lebt.

Auch Blaubarts Schloß ist ein Wesen, ein Organismus. Es öffnet seinen Schlund, wenn du es betrittst, und schon hat es dich in sein Körperinneres eingesogen. Schon treibst du durch das Geäder seiner Gänge, ahnst, daß sein finsteres Herz ganz in der Nähe schlägt und alles Blut zu ihm hindrängt.

So gesehen sind auch die Filme, die im Körperinneren spielen, Spukschloß-Erzählungen (»Innerspace«, dt. »Die Reise ins Ich«, Joe Dante 1987). Gewölbe, Hallen und Gänge, durch die man treibt und den Ausgang sucht. Und ganz im Innern ein Bloody Chamber: das Herz. Wehe dem kleinen Eindringling in seiner winzigen Kapsel, wenn er dorthin gerät.

Wehe Jona im Walfisch, wenn Gott nicht dafür sorgt, daß er wieder an Land gespuckt wird.

Stanley Kubricks »Shining« (GB 1979) nach dem Roman von Stephen King hat zwei Hauptfiguren: den Jungen und das Hotel, in dem die Geschichte spielt. Es hat alles, was ein Spukschloß zum Spukschloß macht. Vor allem aber lebt es. Es ist ein riesiges Tier, das einen Magen hat: die Hotelküche. Adern, in denen Blut fließt, wie wir bald wissen: die langen Gänge, durch die wir das arme Kind mit seinem Dreirad fahren sehen. Ein zu kleines Gehirn, wie große Tiere es manchmal haben: ein winziges Büro mit Telefon und Funkgerät, die bald schon ausfallen.

Und ein Bloody Chamber: eins der Hotelzimmer. Zwei kleine Mädchen sind hier umgebracht worden. Ist das nicht genug? Nein. Sie hätten gern einen kleinen Spielgefährten, da, wo sie jetzt sind. Sie stehen in der Tür und winken ihm: Komm. Komm, spiel mit uns. Das Bloody Chamber hat immer etwas Anziehendes. Weil das Publikum nicht widerstehen kann, kann es auch nicht das Kind, für das wir zittern. Wie soll das Kind es können, wenn nicht einmal wir, die Erwachsenen (Einlaß ist immer nur für Erwachsene!), genug Willenskraft haben, um dem Sog des Bloody Chamber zu widerstehen? Wir sind schon auf dem Weg, selbst Verführte, wenn wir dem Kind begegnen, das ausgerechnet nur uns, sein Publikum, zu Beschützern hat. Sonst ist niemand in der Nähe. Die Tür ist angelehnt. Es tritt über die Schwelle. Eine Woge von Blut flutet ihm entgegen. Es rauscht und pocht wie in seinem und unserem eigenen Herz: Wir sind im Herzen des Ungetüms.

Das Hotel in »Shining«, Blaubarts Schloß, die Titanic, das Hochhaus in Katastrophenfilmen, die alte Villa, die ein bißchen abseits liegt – sie alle haben gemeinsam, daß sie lebendig sind. Heimliche Organismen. Träge Kaltblüter, von einem seltsamen, trägen Stoffwechsel abhängig, der sie am Leben hält. Jonas Walfisch: ein Haus, das ißt und atmet und, was viel schlimmer ist: vielleicht empfindet, wer es bewohnt. Es wehrt sich gegen ihn, wie sich ein Organismus gegen Viren wehrt. Das ist die Gefahr, die darin liegt, sich im Spukschloß zu befinden: Es hat ein Abwehrsystem gegen Bewohner, wie wir es sind. Seine Immunreaktionen richten sich gegen uns. Es sendet Killerzellen aus, die uns unschädlich machen sollen. Alles kommt darauf an, hinauszufinden, bevor man in seine biochemischen Bestandteile aufgelöst worden ist.

Spukschlösser wehren sich gegen uns, die sie als Aliens einstufen. Ihre eigenen Bewohner, die Blaubarts, Draculas und ihresgleichen beschützen sie. Im Falle von »Nostromo«, dem Raumschiff, das die, die seine Mannschaft bilden, die »Mutter« nennen, ist es umgekehrt. Es bekämpft das »Alien«, das sein Immunsystem als Krankheitserreger eingestuft hat, ein wucherndes Ungetüm von außerirdischer Provenienz, und beschützt die Seinen, die guten Irdischen. Wie das Hotel in »Shining« lebt Nostromo. Es hat Magen und Hirn und Blutgefäße. Vor allem hat es jedoch einen Uterus. Es ist ein Mutterleib, in dem die Astronauten ihrem Ziel entgegenschlafen können, jeder in seiner kleinen, sicheren Fruchtblase, die sie nur auf hormonellen Befehl von der Mutter verlassen werden. Das Raumschiff wird seine Kinder so gut verteidigen, wie es kann. (Ridley Scott, USA 1979)

Sind Schauplätze lebendig, dann kann das Lebendige auch Schauplatz sein. Filmbeispiel: »Innerspace«.

Im Zuge eines pharmakologischen Experiments gerät jemand kraft einer Art von mikroskopischem Spaceshuttle in die Blutbahn eines anderen und muß nun wieder heraus. Aber man glaubt nicht, wie schwierig das sein kann, denn der ahnungslose Organismus mobilisiert alle Abwehrkräfte gegen den Eindringling... Ziemlich bekannt das Grundmuster. Es ist nur konsequent, es auch in dieser Variante durchzuspielen, und das geschieht mit allen Variationen des Spukschloß-Themas.

Die Faszination des Eindringlings: So groß, so prachtvoll hat er sich die inneren Räume nicht vorgestellt, als er noch draußen war.

Seine Neugierde. Sie macht ihn unvorsichtig. Läßt ihn sich zu weit vorwagen. Seine Naivität.

Der Zeitdruck, unter dem er handeln muß, wenn er gerettet werden soll. Irgendeine Uhr tickt immer irgendwo: Die Sonne geht unter... Die Flut steigt... Die Wirkung des Mittels nimmt ab, das einen Mann auf den Maßstab von Körperzellen schrumpfen läßt. Er wird bald zu seiner normalen Größe explodieren und den Körper sprengen, in dem er sich befindet...

Auch in »Alien« besteht die Gefahr, mit dem Feind das ganze Schiff zu vernichten, das schließlich die Heldin trägt.

All diese Schauplätze leben. Sie sind ein Element der Story, die sich in ihnen begibt. An keinem anderen Ort könnte geschehen, was hier geschieht. Sie handeln mit. Es sind Wesen.

Und Wesen sind wandelbar. Sie folgen eigenen Rhythmen, indem sie von einem Zustand in einen anderen übergehen. Der Biorhythmus des Spukschlosses ist an den Stand der Sonne gekoppelt. Die Mauern bleiben dieselben, aber nach Sonnenuntergang ist es ein anderer Ort, Schauplatz anderer Geschichten, als sie sich tagsüber zutragen können. Die Verwandlung geschieht in einem Augenblick. Wer von ihm überrascht wird, hat Pech gehabt. Das gilt auch für die Söhne und Töchter der Nacht. Das Sonnenlicht bekommt ihnen gar nicht gut. Sie verlieren ihren Schrecken, und da sie außer ihm nichts haben, was ihr Wesen ausmacht, sind sie ausgelöscht.

Was ist ein Spukschloß ohne spukende Geister?

Ein Eigenheim.

Vielleicht etwas abseits gelegen. Nah am Waldrand. Recht hübsch. Vom Wohlstand seiner Besitzer zeugend. Die Gartenanlagen gepflegt, der Rasen gemäht, die Hecke geschnitten. Ein junges Paar tritt heraus, beide im Tennisdreß. Lachend steigen sie in ein jagdgrünes Cabriolet und entfernen sich... Aber schon steht die Sonne tiefer über dem nahen Wald. Sein Schatten wandert rasch über den Rasen, er legt sich wie eine große dunkle Hand auf das Haus. Eine Gardine bewegt sich, aber kein Licht geht an. Ein Laden knarrt im Wind. Pfosten ächzen. Was blinkt auf einer der Scheiben? Ist das der Widerschein der letzten Strahlen der versinkenden Sonne, oder hat jemand im Innern des Hauses eine Kerze entzündet? Plötzlich nähern sich Schritte auf dem Kiesweg. Die Frau im Tennisdreß ist zurückgekommen. Allein. Sie schließt die Haustür auf. In diesem Augenblick ist die Sonne ganz hinter dem Horizont verschwunden...

Spukschloßgeschichten leben davon, daß jemand nicht weiß, daß dies ein Spukschloß ist. Man ist schon einmal dort gewesen. Unter Mißachtung der Zeichen, die es immer gibt, hat man gar nichts bemerkt, was Anlaß zu Befürchtungen gäbe. Die Rückkehr geschieht fast immer freiwillig. Oft aus nichtigem Anlaß. Aber inzwischen ist die Sonne untergegangen. Und es wird niemand zu Hause sein...

Auch Jack Nicholson, der verrückte Autor in »Shining«, begibt sich freiwillig in das Hotel in den Bergen, wo das Grauen ein Zimmer bewohnt. Er war gewarnt worden. Die Winter sind lang und einsam dort. Es hat ihn nicht interessiert. Als er mit Frau und Kind ankommt, ist Saison-Ende. Der Parkplatz vor dem Hotel ist noch dicht beparkt. Nach und nach werden die Reihen lichter, die letzten Gäste verlassen das Hotel, dann auch das Personal. Wie die Ratten das sinkende Schiff, verläßt ein Mensch nach dem anderen das Gebäude. Alle streben zum Ausgang. Auf einmal ist es leer. Das ist der Sonnenuntergang dieser Geschichte. Bald setzt Schneefall ein. Das ist ihre Nacht. Der Biorhythmus dieses Spukschlosses ist mit dem Ablauf der Jahreszeiten synchronisiert. Im Winter ist es ein anderer Ort. Schrittweise bricht die Verbindung zur bewohnten Menschenwelt ab. Funk und Telefon fallen aus. Das Schneeauto streikt. Nur EIN Kontakt besteht: Der Geist des Kleinen sendet noch und empfängt, was er das »Shining« nennt: fürchterliche Bilder von Tod und Untergang.

»Shining« ist auch die Geschichte vom Schriftstellerfrust. Ruhe? Alles ist ruhig.

Zeit? Zeit im Überfluß.

Ein Zimmer für sich allein? Ein Zimmer – ach was, ein Saal. Ein Schloß für ihn allein.

Dazu Papier und Schreibmaschine. In der riesigen Halle, überladen, pompös, sitzt der Schriftsteller. Er braucht nur noch zu schreiben.

Und was schreibt er?

Stöße von Papier hat der Schriftsteller vollgeschrieben. Seiner Frau, seinem Sohn hat er streng verboten, ihn dabei zu stören, wenn sein neues Buch entsteht. Jona sitzt im Walfisch und soll künden – wovon denn eigentlich? Eines Tages entdeckt sie, was er geschrieben hat. Blatt für Blatt. Satz um Satz. Immer derselbe Satz:

»Was du heute kannst besorgen, das verschiebe nicht auf morgen.«

Es ist, als hätten wir plötzlich eine Bißwunde an seiner Halsschlagader entdeckt. Nicht mehr vom Roman, von Mord ist die Rede. Schockartig erkennen wir: Der Geist des Hauses ist schon in ihm.

Nichts Schlimmeres für den Autor als Zeit und Ruhe im Überfluß. Und eine Festung um ihn, die ihn vom Leben draußen trennt. Die Verbindung mit ihm ist die Quelle, aus der er schöpft. Aber die Flut ist gestiegen, der Schnee gefallen, die Nacht brach an. Die Kleinfamilie im Spukschloß. König Blaubart als Vater. Das kann nicht gut ausgehen. Den Schlüssel zum Bloody Chamber hat diesmal das Kind. Seine Mutter, die Kindfrau (Shelley Duvall), ist zur Beschützerin nicht geboren. Das sieht man ihr an. Mutter und Sohn sind eher wie Bruder und Schwester, einer rätselhaft bösen Erwachsenenwelt ausgesetzt. Hänsel und Gretel. Wenn sie in das Labyrinth aus Buchsbaumhecken geraten, in dem Jack Nicholson schließlich umkommen wird, benehmen sie sich auch so. Aber Gretel hat es am Ende doch geschafft, Hänsel zu retten. Und so wird diese Mutter mit ihrem kleinen Brudersohn über das Böse triumphieren, das dieses Haus umschließt.

Die Geschichte kann hier und nirgends sonst geschehen. Sie braucht die Weitläufigkeit des Hauses, seine Leere, seine Abgeschiedenheit. Sie braucht ein Hotel im Winter, das in den Bergen liegt. Es produziert den Wahnsinn, der es bewohnt. Es generiert die Geschichte, die sich in ihm zuträgt. Es ist ihr Element, wie Wasser das der Fische ist.

»Last night I dreamt I were in Manderley again…« So beginnt »Rebecca« von Daphne du Maurier (London 1938. Film von Hitchcock, USA 1940). Mit diesem Satz betreten wir den Bezirk der Erinnerung. Wir tun es nach Art der Träumenden, indem wir durch ein verschlossenes Tor hindurchgehen, als wäre da nichts. Von Hitchcock und du Maurier geführt, geistern wir über die Wege des Schloßparks, wo »die Natur sich wieder ihr eigenes Recht erobert hat«. Das Schloß ist eine Ruine, zerstört und abgebrannt. Nur die Erinnerung erschafft es wieder neu. Es ist Rebeccas Schloß. Blaubart ist eine Frau, des Schloßherrn erste Frau. Sie ist tot. Aber sie bleibt die Schloßherrin. Sie übt ihr Regiment durch die Haushälterin aus, die sie hinterlassen hat. Sie sorgt dafür, daß die zweite Mrs. de Winter nichts zu lachen hat. Schlösser haben das an sich – und in dieser Hinsicht ist jede Hütte ein Schloß – daß sie nur EINE Herrin dulden und nur EINEN Herrn. Ein Spukschloß ist ein Haus, das sich seinen neuen Besitzern verweigert. Beharrlich bleibt es den früheren zu eigen, und seien sie noch so tot und noch so grausam und schuldbeladen. Manderley wehrt sich. Es zeigt der neuen Mrs. de Winter, wer Herrin im Haus ist. Wenn sie die Klinke drückt, um einen Raum zu betreten, ist sie ein Eindringling. Wenn sie einen Gegenstand in die Hand nimmt, fällt er zu Boden, als ob er sich zur Wehr setzte. Wenn sie eine Serviette an den Mund führt, entdeckt sie das fremde Monogramm. Vor allem ist sie nie allein. Und selbst wenn sie allein ist, wird sie beobachtet. Was sie auch tut, immer findet sich ein Paar Augen auf sie gerichtet, um ihre Schwächen auszuspähen.

Es ist die Subjektive der Inferiorität, die Hitchcock dem Publikum dieses Films verpaßt – eine gute alte Bekannte aus unserem inneren Gruselkabinett. Erinnern wir uns an erste Schultage? An unsere Ankunft im Kinderferienheim? Die erste Tanzstunde? Alle waren schon da. Alle kannten sich. Alle wußten Bescheid. Insider allesamt. Im Besitz des Codes, der Zugang verschafft. Und dann kam unser Auftritt. Katzen, die ein ihnen fremdes, unbekanntes Terrain betreten, machen sich, soweit es möglich ist, unsichtbar. Mit dem Bauch an der Erde suchen sie eine Spalte, einen Unterschlupf. Aber wir mußten aufrecht gehen. Das ist das Problem der zweiten Mrs. de Winter. Sie ist so übersehbar, daß man sich nicht einmal ihren Namen merkt. Hat sie überhaupt einen? Neben Rebecca kann sie höchstens Rose oder Daisy heißen. (Tatsächlich habe ich mir ihren Namen nicht gemerkt.) Dabei ist sie die Hauptfigur! Mit ihr zusammen betreten wir zum erstenmal das Schloß. Auf den letzten paar hundert Metern der Auffahrt hat es geregnet. (Man fährt offen mit Maxim de Winter.) Die Katze ist naß bei ihrem Eintreten. Und plötzlich sieht sie sich der Dienerschaft gegenüber, die sich versammelt hat. Wie ein strenges Kollegium. Eine Prüfungskommission. Stumm. Vorwurfsvoll. Verächtlich. Das schüchterne kleine Mädchen in uns, längst überwunden, ist mit ihr über die Schwelle getreten. Wieder stolpert es, wieder fällt ihm nicht ein, was es jetzt sagen muß, wieder weiß es, daß es falsch angezogen ist, daß die Frisur nicht sitzt. Immer hat es geahnt, daß eine andere unendlich viel schöner und klüger ist. Sie trägt das richtige Kleid. Sie kennt den Code. Und vor allem: Sie wird geliebt. Nicht nur von einem, von jedem Mann. Wie soll irgendwer, wie soll Maxim de Winter sich ausgerechnet in uns verlieben? Er, der Rebecca haben kann. Der sie gehabt hat.

Manderley ist ihr Reich. Dies ist der Schauplatz unserer frühen Minderwertigkeitskomplexe. Wie jedes Spukschloß vertraut. Wir sind immer schon da gewesen. In unseren Alpträumen. So kommen wir durch das Tor, als wäre da gar nichts. So finden wir unfehlbar zu Rebeccas Raum. Er liegt im Westflügel. Er hat den

Blick auf die See. Seine Eleganz ist unübertroffen. Hohe Fenster mit schweren seidenen Vorhängen. Gold. Spiegel. Himmelbett. Dies ist das Bloody Chamber von Manderley. Rebeccas Schlafzimmer. *Something very private*. Wie in Orwells »1984« in dem bewußten Raum auf jeden einzelnen seine ganz spezielle Folter wartet (»die schlimmste Sache der Welt«, was für Winston zufällig Ratten sind), so hat sich Blaubart für jede seiner Frauen etwas Besonderes ausgedacht. *Something very special*. Und so muß Maxim de Winters zweite Frau, unser komplexbeladenes Alter ego, die Tortur in Rebeccas Schlafzimmer aushalten. Deren Parfum, deren Kleider, deren Pelze (»ein Geschenk von Maxim«) und – mitten im Raum – ihr Bett wie ein Hochaltar. Auf ihm soll sie geopfert werden, die neue Mrs. de Winter. Hier ist es, wo sie auf dem Höhepunkt ihrer Qualen, besiegt, endlich zusammenbricht. Ein Foltergerät der eigenen Art, speziell entworfen für die Frau ohne sexuelles Selbstwertgefühl: das Bett der anderen.

Es ist ein Schauplatz-Effekt. Sie wird dahin geführt, wo es am schlimmsten ist. Erst dann kann die Erlösung kommen.

»Geliebt?« sagt Maxim. »Gehaßt habe ich sie.«

Kurz darauf brennt Manderley. Das Feuer nimmt seinen Ausgang von Rebeccas Raum. Die Haushälterin hat es gelegt. Sie kommt darin um. Und mit ihr auch Rebecca. Endlich. Manderley war ihr Reich. Sie ist erledigt jetzt.

Manderley ist der Schauplatz, der brennen muß. Sodom. Troja. Atlanta. In seinen Flammen kommt auch das Böse um, das er umschlossen hat. Im Rücken der Geretteten wütet die Feuersbrunst. Bald stehen nur noch rauchende Trümmer da. Mit knapper Not sind Heldin und Held dem Sog des Untergangs entkommen, dem sie sich lange schon, bevor der Brand ausbrach, widersetzt haben. Die Feuersbrunst ist der Ausdruck der Konzentration aller verderbenbringenden Kräfte auf die Auslöschung des Helden. In den lodernden Flammen verzehren sie sich selbst. Die Silhouette der Haushälterin taucht in den brennenden Fensterhöhlen von Rebeccas Zimmer auf. Es ist ihr Scheiterhaufen, der da brennt. Sie ist die Hexe im Ofen. Der Rest ist eine Art Freudentanz der geretteten Kinder.

In »Jane Eyre« von Charlotte Brontë (London 1847) ist es die wahnsinnige erste Frau des Schloßherrn selber, die in den Flammen umkommt und Platz für ihre unschuldige (und ebenso unscheinbare) Nachfolgerin macht. Aber hier wird der Schloßherr ein wenig gestraft, denn er hat seine Augen lange schon auf Jane geworfen, während seine Angetraute noch lebt, wahnsinnig zwar, unbrauchbar, was ihm mildernde Umstände verschafft, aber dennoch macht ihn ihr Dasein zum Ehemann und seine Liebe zu Jane, so rein und wahrhaft sie immer ist, zur ehebrecherischen Sünde. Folglich verliert er beim Brand des Schlosses zwar nicht sein Leben, aber sein Augenlicht. Jane bekommt nach so vielen Prüfungen einen Invaliden zum Mann. Aber wer sie kennt, weiß, welche Seligkeiten darin für sie beschlossen sind. Ein bißchen von einer Krankenschwester war von Anfang an in ihr. Dies Spukschloß ist ein Irrenhaus. Soll es ein Eigenheim werden, muß es mitsamt der Irren, die es bewohnt, in Flammen aufgehen. Das ist parteiisch. Es ist grausam und ungerecht, wie jede Spukhausgeschichte Partei ergreift:

Für die Jugend, die Unerfahrenheit.

Gegen das Alter und die Last der Vergangenheit.

Oft: für die junge Frau, die einen älteren Mann begehrt.

Erstaunlich. Nicht gerade das, was die Moral vorschreibt: All diese älteren Männer, sexuell erfahren, kultiviert, gebildet, reich, von der Aura einer spezifischen Einsamkeit umgeben, die jungen Frauen die Sinne benebelt, Verkörperungen eines sicher erotischen Rätsels, das es zu lösen gilt, Opfer einer Verletzung, die andere Frauen ihnen zugefügt haben – all diese Draculas (auch er gebildet und kultiviert und so erfahren im Umgang mit Frauen), Blaubarts, Maxim de Winters, diese Witwer und Möchtegern-Witwer, Toten und Untoten sind Mehrfachtäter. Die junge Frau, die ins Spiel kommt und sich durch Mangel an sexueller Erfahrung und Attraktivität ausweist, verliert sich im Labyrinth seiner Vergangenheit, konfrontiert mit den Schemen aus seinem Vorleben. Sie haben Wohnrecht in seinem Schloß.

Alle diese Geschichten handeln auch von der Monogamie. In ihnen muß sie sich gegen das polygame Prinzip durchsetzen: der Kampf der Neuen gegen den alten Harem. Sein Schauplatz ist das Schloß als Machtbereich des Herrn. Dessen Parteinahme für

die junge Geliebte, die Übernahme der Beschützerrolle, die ihm zukommt, fällt oft merkwürdig zögernd und unentschieden aus. Er pflegt abwesend zu sein, wenn sie in Bedrängnis gerät. So Maxim de Winter, so Blaubart, so der Vater der Waisenkinder in Henry James' »The Turn of the Screw« (London 1898, dt. »Die Daumenschraube« – Ort der Handlung: ein Landsitz. Hauptpersonen: ein Lord, der verwitwet ist, seine gestorbene Frau, die beiden Kinder und eine Gouvernante, jung, etwas unscheinbar, aber beherzt genug, den Kampf mit dem Phantom aufzunehmen – seltsam bekannt alles). Wie gesagt, diese Herren werden durch dringende Geschäfte ferngehalten, wenn sich die junge Unschuld den alten Platzhalterinnen gegenübersieht. Vielleicht träumen sie auch den Männertraum vom polygamen Elysium: alle Frauen ihres Lebens vereint unter einem Dach. Harmonisch, einträchtig. Vielleicht fragen sie sich heimlich, was denn dagegen spräche. Auf Hilfe kann sie, die Junge, Neue, nicht hoffen. Sie muß es allein durchstehen. Und viel zu spät bemerkt sie, daß er es ist, der Hilfe braucht. Dann kommt ihre Chance. Und die zweite Mrs. de Winter, Jane Eyre und all die anderen ergreifen sie. Wenn der Schloßherr zurückkommt, ist es schon zu spät. Der Kampf tobt bereits. Er kann froh sein, wenn er mit ihrer Hilfe das nackte Leben aus seinem brennenden Schloß rettet. (Blaubart gelingt das nicht. Er hat es ZU toll getrieben.)
Dies machen die Frauen, die lebenden und die toten, unter sich aus. Die Monogamie ist IHR Anliegen, nicht das der Schloßherren. Das neue Haus, das gebaut wird, ist ein Eigenheim. Klein, bescheiden, ein Altersruhesitz. Von ihm gibt es nichts zu melden. Die Geschichten sind aus, bevor der Grundstein zu ihm gelegt wird.
Wir hätten uns auch nicht sehr dafür interessiert.

Schauplätze haben Magie. Das gilt für Bahnhöfe, Brücken, kleine Cafés, Kajüten auf Segelbooten, für Kellertreppen, Leuchttürme, Dachterrassen, Hotelfoyers, Bibliotheken – und wieviel mehr für den Maschinenraum eines Schiffes (oder Raumschiffes), für einen Fahrstuhl, für die Kanalisation unterhalb einer Großstadt, wie Wien es ist. (»Der dritte Mann«, Carol

Reed, GB 1949) Magische Schauplätze. Ihre Magie besteht darin, daß sie die Handlung bewirken, die sich an ihnen ereignet. Sie generieren sie. Sie bringen sie hervor, ohne viel nach dem Autor zu fragen.

Natürlich ist es IHRE Geschichte, aber einmal am Schauplatz angekommen, erfinden Sie nicht mehr viel. Sie versuchen sich vielmehr seinen Bedingungen anzupassen. Wie in der freien Wildbahn – als Autor oder Autorin sind Sie immer in freier Wildbahn: ein einziger falscher Schritt kann tödlich sein – sichern Sie zunächst. Woher kann die Gefahr kommen? Wie ist Flucht möglich? Selbst von Instinkten gesteuert, steuern Sie Instinkte: die Ihres Publikums.

Auch aus unseren nächtlichen Träumen wissen wir, wie wichtig es ist, das Terrain zu sondieren. Wie nötig Fluchtwege sind. Unterschlupfmöglichkeit. Rückendeckung. Im Traum machen wir ja auch manchmal von unseren Flügeln Gebrauch. Von unserer Fähigkeit, einen freien Fall mittels Schauplatzwechsel zu überstehen. Von der Möglichkeit, uns von Baumwipfel zu Baumwipfel zu schwingen. In der Erzählung ist das nur ausnahmsweise und unter sehr strengen Auflagen erlaubt. Unmöglich ist es nicht. (Siehe »Il barone rampante« von Italo Calvino, Turin 1957, dt. »Der Baron auf den Bäumen«)

Aber in der Regel müssen wir uns mit den Bedingungen des Geländes sorgsam vertraut machen.

Agatha Christie war eine Meisterin im Sondieren des Terrains. In der traumwandlerischen Fähigkeit, den richtigen Schauplatz zu finden.

Orient-Express: Ein Zug rast durch die Nacht.

Mord auf dem Nil: Ein Schiff zwischen zwei Ufern.

Zehn kleine Negerlein: Ein Haus auf einer kleinen Insel. Sonst nichts. Nur das eine Haus. Was haben diese drei Schauplätze gemeinsam?

Die Abgeschlossenheit. Alles, was hier geschieht, hat den Charakter der Unausweichlichkeit. Fluchtwege versperrt. Die Personen, die sich an diesen Schauplätzen eingefunden haben, sind ausweglos aufeinander verwiesen. Wie verschiedene Substanzen, die man in ein Reagenzglas gegeben hat, müssen sie miteinander reagieren. Sie gehen Verbindungen ein, sie stoßen sich ab, sie vermengen sich. Es gibt Katalysatoren, die bestimmte Reaktionen auslösen, die nicht sie selbst, sondern andere beteiligte Substanzen betreffen. Nichts bleibt, wie es war. Es ist die Hölle los. Am Ende wird eine Art Ruhe nach dem Sturm eintreten. Neue Stabilität nach Instabilität. Vielleicht auch ein ganz anderer Aggregatzustand. Flüssiges ist verdampft oder kristallisiert. Alle Gäste sind tot bis auf den letzten, den Mörder der anderen... Das konnte nur in einem Haus geschehen, das eigentlich eine Insel ist. An einem Schauplatz, von dem es kein Entrinnen gibt.

Erzählungen sind Versuchsanordnungen. Sie müssen streng und exakt vorbereitet sein. Man halte also bereit: einen alten Richter und sein Berufs-Trauma, neun Personen unterschiedlichen Geschlechts, die eine Leiche im Keller haben, für die sie nie zur Verantwortung gezogen worden sind, eine Prise Wahnsinn und ein paar Tatwaffen, dazu zehn kleine Holzfigürchen. Man arrangiere das alles an einem Schauplatz, der keinen Fluchtweg offenläßt, und sehe zu, was passiert.

Insel-Schauplätze sind ideale Gefäße, um solche Versuche durchzuführen. Dabei müssen es nicht unbedingt Inseln sein. Auch Schiffe sind Inseln. Luftschiffe. Raumschiffe. Fahrende Züge sind Inseln. Jedes geschlossene System ist eine Insel in diesem Sinn. Das Hotel in »Shining«. Belagerte Festungen. Gefängnisse. Eine Forschungsstation am Südpol ist eine Insel. Aber richtige Inseln sind natürlich hervorragende Insel-Schauplätze. »Robinson Crusoe«: eine glänzende Versuchsanordnung, bestechend einfach. »Herr der Fliegen« von William Golding (»Lord of the Flies«, London 1954): ebenso bestechend. Man nehme eine Insel im Stillen Ozean und fülle sie mit nichts als einer Flugzeugladung englischer Kinder. Keine Erwachsenen. Das ist es schon. Hat Golding etwas erfunden? Nein, er hat nur ganz genau beobachtet, was geschieht.

Innen oder Außen. Für Filmautoren das einfachste Kriterium, nach dem sich Schauplätze unterscheiden. Es ist nicht nur aufnahmetechnisch, auch erzähltechnisch ist es von Belang.

Unter freiem Himmel haben wir andere Wahrnehmungsschwellen, andere Schutz- und Fluchtreflexe als im geschlossenen Raum. Seit wir Jäger und Sammler waren, wissen wir, daß der Wald ein ganz besonderer Schauplatz ist. Wenn wir ihn betreten, als Träumende wie als Leser oder Spaziergänger, geraten wir in einen Zustand erhöhter Wachsamkeit. Kameras werden schneller, wenn sie in den Wald fahren. Eben noch ganz gemächlich, im Spaziergängertempo, sind sie plötzlich auf der Flucht. Die Bäume stellen sich ihnen in den Weg. Ihre Äste greifen und schlagen nach ihnen. Viel zu spät fällt uns plötzlich die alte Warnung ein: Gib acht, daß du nicht vom Weg abkommst!

Du meine Güte: der Wolf!

Wie konnten wir uns so weit in sein Terrain wagen?

Wir bleiben stehen. Mit gesträubtem Haar drehen wir uns einmal um uns selbst. Keine Zuflucht. Nirgends Sicherheit. Das Dunkel zwischen den Stämmen gibt gar nichts preis. War da nicht ein Paar Augen? Ein sich bewegender Schatten? Und das Knacken der Äste – was bedeutet das? Guten Tag, Rotkäppchen.

Auf einmal ist er da.

Zunächst ist man erleichtert: Das soll der Wolf sein? Der sieht ja gar nicht so furchtbar aus. Und er ist doch ganz nett. Beinah höflich, der alte Wolf. Wäre man ihm woanders begegnet, hätte man vielleicht sogar einen Kaffee mit ihm getrunken. Aber: Was tut er im Wald? Wäre der Wolf kein Wolf, WÄRE man ihm woanders begegnet!

Wer sich im Wald herumtreibt, kann nicht harmlos sein!

Das ist es, was der Schauplatz »Wald« bewirkt: die Inkriminierung jeder dort unverhofft auftauchenden Person. Wer es auch sei, ob Wolf oder Jäger oder Mitglied des Vereins der Wanderfreunde – es ist ein potentieller Feind. Der Wald ist das Terrain steter Bedrohtheit. ALLES ist möglich dort. Auch das Allerschlimmste. Im Wald befinden wir uns außerhalb jeglicher Grenzen zivilisatorischer Vereinbarungen. Deshalb ist er auch besonders für kleine Mädchen mit kurzen Röckchen und hübschen roten Kopfbedeckungen ein solch dubioser Ort. »Geh nicht ab vom Weg«, rät die Mutter ihm. Doch das Kind muß natürlich sofort anfangen, Blümchen zu pflücken!

Der Wald ist »Außen« schlechthin. Unheimlich. Unbehaust. (Was ja beinah dasselbe bedeutet.) Nur Hexen wohnen dort. Wer im Wald Zuflucht sucht, muß schon ganz unten sein. Opfer von Inquisition, Brandschatzung, Plünderung. Nur in unseren äußersten Elendsphantasien flüchten wir in den Wald, graben uns Höhlen dort, warten darauf, daß eine neue Zivilisation geboren wird, auf daß wir in sie zurückkehren können. Nur die wirklichen »Hexen« flüchteten in den Wald, die bedauernswertesten Opfer, die eine Gesellschaft und ihre Jurisdiktion je hervorbrachten.

Natürlich beginnt die Wildnis nicht unbedingt da, wo Bäume wachsen. Sie kann auch in der Bronx beginnen. Der Broker Sherman McCoy hat seine Geliebte Maria Ruskin vom Flughafen abgeholt, und sie verpassen die letzte Ausfahrt nach Manhattan. (Tom Wolfe, The Bonfire of the Vanities, New York 1987, dt. Fegefeuer der Eitelkeiten). Auf einmal gelten andere Gesetze. Es sind die des Waldes. Die zivilisatorischen Vereinbarungen sind außer Kraft gesetzt. An einer roten Ampel darf man nicht halten, wenn einem das Leben lieb ist – man muß weiterfahren! Wer einem auch auf der Straße begegnet – es ist ein potentieller Feind. Der Mensch ist hier des Menschen Wolf. Und selbst der ahnungslose Vertreter einer anderen, zivilisierten Welt, Sherman McCoy, muß hier zum Wolf werden: Er fährt in Panik einen jungen Schwarzen an und kehrt daraufhin in die Welt des Rechts, der Gesetze zurück, wo ihm die Tat zum Verhängnis wird. Er hat nach dem Gesetz der Wildnis gehandelt, im Aufruhr seiner Instinkte, wie jeder, der in den Wald eintritt. Er war nicht vorbereitet auf das, was ihm hier widerfährt. In der Welt des Rechts, der Ordnung, der Gesetze, die USA heißt und immer an den Wilden Westen (den Wald, die Wildnis) grenzt, wird ihm dafür der Prozeß gemacht. In dieser Welt herrscht nämlich der Irrtum vor, daß die ihr eigenen Gesetze für das Universum Gültigkeit haben. So hat sich Sherman McCoy, der Wallstreet-Makler, bisher als »Master-of-the-Universe« gesehen. Dieser kleine Denkfehler wird grausam an ihm bestraft. Um seinetwillen gerät er ins »Fegefeuer der Eitelkeiten«. Manhattan ist nicht das Universe. Gleich nebenan ist die Bronx, der Wald, die Wildnis, das Land der unbegrenzten Unmöglichkeiten.

Das Universum ist unbeherrschbar, das ist die Botschaft der Geschichten, die in den Wäldern spielen. In Rotlichtvierteln. Auf Rummelplätzen. In indischen Basaren. Überall, wo man verlorengehen kann.

Wald-Schauplätze müssen also nicht notwendig Wälder sein, wie Insel-Schauplätze nicht Inseln sein müssen. Aber die Wälder sind natürlich hervorragende Wald-Schauplätze. Sie bieten Deckung und ein gewisses Halbdunkel. Das Tageslicht ist gefiltert, die Orientierung ist erschwert. Ihre Neigung zu Wildwuchs qualifiziert sie als Ort einer grundsätzlichen Auseinandersetzung zwischen Kultur und Wildnis, zwischen dem Menschen als Zivilisationsprodukt und den Feinden, die auf ihn lauern. Zwischen uns und den Wölfen.

»Fiktion« meint nicht Erfindung, sondern beschreibt den Raum, in dem Erzähltes spielt. Es ist immer gefährlich, ein Terrain ohne genaue Kenntnis der Örtlichkeit zu betreten. Ohne Kenntnis der Gepflogenheiten, die dort herrschen, der Gesetze, die es einzuhalten gilt. All der möglichen Fallen, in die man dort geraten kann. Darum geht es hier, um Räume, die wir betreten, wenn wir uns in den Bereich der Fiktion begeben. Er ist auch vertikal gegliedert. Er hat ein Oben und Unten, wie er ein Innen und Außen hat.

Oben muß der Himmel sein, was sonst? Und unten die Hölle. Keller, Kanalisation, alles, was sich unterhalb der Erdoberfläche befindet, gehört zur Unterwelt. In der Tendenz gehört es zum Reich des Bösen. Alles, was nach oben führt, auf den Dachboden, in die Kronen der Bäume, nähert sich tendenziell den Gefilden der Seligen.

Das hört sich einfach an. Studenten, die ich bat, spontan, bestimmten Schauplätzen bestimmte Handlungen zuzuordnen, entschieden sich in überraschender Einmütigkeit für die folgenden Verknüpfungen:

KELLER – Mord. Bestrafung. Unheimliche Begegnung.

DACHBODEN – Traum. Liebeserlebnis. Begegnung mit der Vergangenheit. Ein Liebeserlebnis im Keller? Ziemlich abwegig. Zumindest kommt dabei leicht Gewalt ins Spiel. Mord auf dem Dachboden? Möglich. Aber die Leiche wird dann im Keller aufbewahrt, dem Ort einer zukünftigen unheimlichen Begegnung mit ihr.

Solche Schauplätze haben unabhängig von den Absichten der Autoren ihren Sog, und deshalb ist es gut, mit ihren Kräften vertraut zu sein, um sie nicht zu unterschätzen, wenn man es unternimmt, gegen sie anzuschreiben.

Der Film »Der Rosenkrieg« (Danny de Vito, USA 1989) erzählt die kühne und kompromißlose Geschichte eines tödlichen Ehekonflikts. Ein Haus, kultiviert, gepflegt, ein Familienheim, wird über alle Stufen der Barbarisierung zum Kriegsschauplatz. Verwilderung setzt ein. Die Haushälterin hat Urlaub. Die halberwachsenen Kinder gehen fort... (Ein zusätzlicher Insel-Effekt) Die kriegführenden Parteien, früher ein glückliches Paar, haben sich in ihren Stellungen verschanzt. Sie wollen jeder das Haus für sich. Keiner wird auch nur einen Schritt zurückweichen. Als Gegner sind sie ebenso untrennbar wie früher als Paar. Noch im Tod vereint. Sie werden gemeinsam von dem riesigen Kronleuchter in ihrer Diele erschlagen.

Aber kurz vor dem Ende zeichnet sich noch einmal eine Möglichkeit zur sexuellen Versöhnung ab: auf dem Dachboden. Hier, am Ort der Begegnung mit der Vergangenheit, scheint ein versöhnlicher Ausgang auf einmal greifbar nah. Wenn die Versöhnung hier mißlingt und in Gewalt umschlägt, ist der Schock für die Zuschauer um so stärker. Es ist das härteste Reversal im Film (der dramatische Umschlag innerhalb einer Szene, die Wendung um 180 Grad, hier von Sex in Gewalt, von zärtlicher Annäherung in brutalste Abwehr, so schocking, so unsäglich, so jeder mildernden Umschreibung spottend, daß verschwiegen sei, was da passiert).

In »Schindlers Liste« gibt es eine Szene behutsamer und zarter Annäherung zwischen Oskar Schindler und Helene Hirsch, dem jüdischen Dienstmädchen des pervers-brutalen Lagerkommandanten Amon Göth. Schindler, sonst nicht zimperlich mit Frauen, küßt Helene auf die Stirn. Das geschieht im Weinkeller der Göth-Villa, an dem Ort der Martyrien, denen Helene sonst durch ihren Arbeitgeber ausgesetzt ist. Später wird Schindler um Helene Hirsch mit Göth Karten spielen, und so wird auch sie schließlich auf seine Liste gelangen.

Die Weinkeller-Szene in »Schindlers Liste« (Stephen Spielberg, USA 1994) ist ebenso wie die Dachboden-Szene im »Rosenkrieg« gegen den Geist des Schauplatzes angeschrieben. Die Handlung widersetzt sich seinem Sog. Das kann wie Sex auf dem Teppich sein. Oder Schulunterricht in der Eisdiele. Trotzdem behält der Klassenraum seine Schrecken und das Bett seine alte Anziehungskraft für die Liebe. Der Reiz von Schauplatzwechseln leitet sich davon ab.

Kinogänger und Leser wollen verführt werden. Sie haben Eintritt bezahlt. Ein Buch haben sie sich gekauft. Sie sind sehnsüchtig. Natürlich könnten sie für etwas mehr Geld ein Flugticket kaufen. Aber sie wollen es jetzt und hier haben. Was? Wohin wollen sie?

Sie wollen woandershin. Ein Schauplatzwechsel, das ist es, wohin ihre Sehnsucht zielt.

Autoren sind Reiseführer im fiktionalen Raum. In ihm kennen sie sich besser aus als alle anderen. Wie gute Reiseführer wissen sie, daß die Leser das Bekannte im Fremden suchen. Sie wollen wiedererkennen. Indem man schon Vertrautes entdeckt, lernt man das Fremde begreifen. Den hermeneutischen Zirkel hat man erst auf dem Mars verlassen. Aber nicht auf dem guten alten bekannten Mars der Science-fiction. Wenn er dort nicht funktionierte, wäre sie unlesbar.

Wie Reisende lieben es Lese-Touristen, sehr weit herumzukommen. Aber wie Reisende wollen sie manchmal ausrufen: Das ist ja wie bei uns zu Hause! Und auf einmal verstehen, was daran anders ist.

Wie Reisende richten sie sich für kurze Zeit am Ort der Handlung ein, als sei es möglich, für immer dort zu bleiben. Er muß bewohnbar sein. Bewohnbar für die Phantasie, die immer wieder einmal zurückkehren wird, wenn sie sich eingelebt hat an einem Ort.

Ein Ort von großer Magie, an den ich immer wieder reisen kann, wenn mir danach ist, stammt aus einer Lektüreerinnerung meiner Kindheit: ein Muster-Schauplatz, vertraut und doch unendlich fern, eng begrenzt, überschaubar, und doch ein Kosmos, in dem sich alles begeben kann, von dem wir hoffen, daß es sich in einem Buch begibt, Abenteuer und Liebe, Streit, Versöhnung und Aufbruch in eine bessere Welt:

Es ist ein weites Tal, jedoch von so steilen Bergwänden umgeben, daß ein Entkommen aus ihm für zwei Kinder, die dort hineingeraten sind, unmöglich ist. Der Weg hinaus ist durch eine Geröllawine verschüttet. Die Kinder, ein Junge und ein Mädchen, richten sich aufs Überleben ein und beziehen eine Höhle. So leben sie Jahr um Jahr, indem sie jagen und Früchte sammeln, das Feuer zähmen, Werkzeuge erfinden, Ackerbau treiben. (Alois Th. Sonnleitner, Die Höhlenkinder im heimlichen Grund, 1991 in der 61.(!) Auflage.) Es gibt mehrere Bände. Im letzten entdecken Adam und Eva, inzwischen dem Stand kindlicher Unschuld entwachsen, ein seltsames Verlangen nach einander, und bald darauf greift auch Gott ein, indem er ihnen den Weg hinaus zeigt, ganz wie in der berühmten Vorlage dieses Stoffs.

Es ist der älteste Schauplatz für Phantasie-Reisen: der Garten Eden. Umgrenzt. Ein Insel-Schauplatz. Aber es ist der Garten nach dem Sündenfall: Sonst wäre die Geschichte ebenso schnell erzählt wie in der Genesis. Die Abenteuer beginnen immer erst nach dem Sündenfall: Steinige Äcker. Geröllhalden. Ein Wald, in dem Gefahren drohen. Bewährungsproben für den Helden im Menschen, der als Held und Heldin seiner und ihrer Geschichte hervortreten muß. Vor allem jedoch die Höhle. (Der Ort der Phantasie muß bewohnbar sein!) Das ist ja wie zu Hause, rufen wir beim Blick ins Höhleninnere, wo die beiden Kinder am Feuer sitzen, und setzen uns dazu.

Lassen Sie mich sagen, daß das Buch nicht zu den großen Werken der Literatur gehört. Wenn ich mich richtig erinnere, war es bieder erzählt, in selbst für mich als kindliche Leserin wahrnehmbarer aufdringlich didaktischer Absicht. Streckenweise war ich etwas gelangweilt und begriff, daß mir hier die Entwicklung der Menschheit erklärt werden sollte. Aber der Schauplatz! Nie werde ich dieses Tal vergessen. Nie werde ich ganz aufhören, darin um mein Überleben zu kämpfen, Fallen zu stellen, das Keimen der erstmals gesäten Saat zu entdecken, mich bei Gewitter in die Höhle zu verkriechen, meinen schmollenden jungen verliebten Adam zu besänftigen.

Dieser Schauplatz generiert die Geschichten, die sich dort abspielen. Er bringt sie mühelos hervor. Er hat alles, was ein fiktionaler Raum haben muß: die räumlich-zeitliche Ferne und die Bewohnbarkeit, die Begrenztheit und die kosmische Weite, die ihn zum Kampfplatz feindlicher Mächte, Mensch gegen Wildnis, geeignet macht. Er ist ganz real und ganz im Mythos lokalisiert. Er ist unsterblich.

Wer einen solchen Schauplatz hat, kann, wie das Beispiel zeigt, gar nichts mehr falsch machen.

Aber meine Geschichte spielt hier und heute, werden Sie jetzt vielleicht einwenden. Ihr Schauplatz ist die Stadt, in der Sie leben, nicht der Garten Eden, und es kommt auch kein Spukschloß darin vor.

Wirklich nicht?

Und das Gefängnis? Die alte Villa am Bahndamm, deren Fenster mit Brettern zugenagelt sind? Die Tiefgarage am Bahnhof, in deren Nischen die Fixer sitzen? Die Büsche am Rand des Stadtparks, an denen Sie im Dunkeln immer ganz schnell vorbeigegangen sind? Das Krankenhaus, in dem Sie eines Tages aus einer Narkose aufwachten, seine Flure, sein Geruch, die schweren, doppelten Türen – Zutritt verboten –, durch die man Sie schob? Der Wochenmarkt? Das Stadtcafé? Ein Schulhof?

Leser wollen reisen. »Unsere kleine Stadt«, ob das Berlin, New York oder Kleinblittersdorf ist, kann so verlockend exotisch wie eine ferne Insel sein, wenn man die Magie entdeckt, die manchen Schauplätzen innewohnt.

Something very special, very private.

Exkurs II
»Verzeiht mir, wenn Ihr könnt…«
Über die peinliche Rolle des Modells
in der narrativen Kunst

Maler dürfen ihre Gefährtinnen nackt malen. Mir ist kein Fall bekannt, in dem ein Modell daran seelisch zugrunde gegangen wäre.

Es gibt auch keinen Stempel in der bildenden Kunst, der besagt, daß alle Ähnlichkeit mit lebenden Personen rein zufällig sei… Das Prestige der Modelle wird durch das Ausstellen der Kunst eher günstig beeinflußt. Ja, wer es sich leisten kann, hat sich schon immer für Geld malen lassen.

Wie anders stellt sich das in der Literatur dar. Glücklich, wer in ihr nicht vorkommt. Empört, wütend, peinlich berührt zumeist, wer sich in einer Erzählung selbst wiederfindet oder, schlimmer, von anderen wiedergefunden wird.

Autoren wissen das. Sie geben sich große Mühe, die Spuren zu verwischen. Sie dementieren, sie verfälschen. Dennoch kommt es vor, daß in ihren Geschichten Ähnlichkeiten mit lebenden oder verstorbenen Personen einfach nicht zu übersehen sind. Trotz aller Beteuerungen des Gegenteils.

Jeden kann es treffen. Einen Autor zu kennen, gar ihm etwas von sich erzählt zu haben, kann gefährlich sein. Freunde, Ex-Freunde, Schulkameraden, Verwandte – jeder, der Ihren Weg gekreuzt hat und in Ihrem Gedächtnis lebt, läuft Gefahr, sich in Ihren Geschichten wiederzufinden. Und sei es nur in einem winzigen Detail. Wir arbeiten mit Bewußtseinsinhalten, mit Gesehenem, Erfahrenem, Beobachtetem. Woher sonst nähmen wir die Farben auf unserer Palette?

Was ist daran so peinlich? Warum laufen die Leute nicht in Scharen hinter uns her und bitten, in unseren Büchern vorkommen zu dürfen?

Literatur hat eine sehr häßliche Stiefschwester: den Tratsch. Ein einziges Mal soll hier von ihr die Rede sein. Sie ist boshaft, verkrüppelt, garstig und abstoßend. Es handelt sich nicht um Blutsverwandtschaft, das beileibe nicht. Gleichwohl handelt es sich darum, daß hier wie dort die Rede von Menschen geht.
Tratsch wird hinter vorgehaltener Hand erzählt. Indem er vorgibt, geheim zu sein und gleichzeitig zur Weitergabe drängt, ist er seinem Wesen nach Lüge, heuchlerisch, in sich gekrümmt wie die Falschheit, eine böse alte Frau, die nur zum Schein den Stock benutzt, um sich den Anschein zu geben, daß sie hilflos ist, während sie in Wahrheit alle an Ausdauer übertrifft. Er ist seinem Wesen nach Lüge, auch wenn sein Inhalt einmal auf tatsächlich Geschehenes zurückgeführt werden kann. Tratsch ist Denunziation. Er dient der Aufrechterhaltung eines Systems, das selbst anonym bleibt, aber Anonymität und Privatheit den Kampf ansagt. Bis zur Liebedienerei ist er diesem System ergeben. Der Tratsch wählt seine Opfer und zielt auf ihre Vernichtung ab.
Wußten Sie, daß Odysseus sich herumtreibt, statt endlich nach Hause zu kommen? Er soll bei Calypso gesehen worden sein. Und sogar bei Circe! Daß der sich nicht schämt! Aber schließlich ist Penelope auch nicht gerade ein Kind von Traurigkeit. Glauben Sie etwa, daß sie so unnahbar ist, wie sie sich gibt...?
Das Gegenteil davon ist die Odyssee. Mehr nicht über den Unterschied zwischen Tratsch und Erzählen.
Trotzdem geschieht es immer wieder, daß beides verwechselt wird.
Die meisten Menschen haben eine panische Angst davor, daß von ihnen die Rede geht. Sie fürchten den Tratsch und die Macht des Systems, die er repräsentiert. Darum möchten sie lieber nackt gemalt werden als angezogen in Ihrer Erzählung vorkommen.
Sie werden mit Empörung reagieren.
Wenn es wenigstens stimmte! werden sie rufen. Aber so war es ja nicht einmal!

Seht ihr! entgegnet der Autor. Es war gar nicht so. Es ist meine Geschichte, nicht eure, die ich geschrieben habe! Ich habe nur eine Kleinigkeit darin verwendet, die euch bekannt vorkommt. Und dabei habe ich noch aus weiß schwarz und aus schwarz weiß gemacht.
Aber das ist es ja gerade! Wie stehen wir jetzt da!
Nicht ihr. Es ist mein Text, der dasteht, beteuert der Autor. Doch solche spitzfindigen Unterscheidungen interessieren nicht.

Am härtesten traf es einen gewissen Herrn Kestner, Hannoverschen Gesandtschaftssekretär in Wetzlar. Ein junger Freund hatte ihm seinen ersten Roman geschickt. Und was er da zu lesen bekam, hat ihn »schlecht erbaut«:
»Ihr habt zwar in jede Person etwas Fremdes gewebt oder mehrere in eine geschmolzen… Aber wenn Ihr bei dem Verweben und Zusammenschmelzen Euer Herz ein wenig mit raten lassen, so würden die wirklichen Personen, von denen Ihr Züge entlehnet, nicht dabei so prostituiert sein…«, schrieb er im Herbst 1774. (Hamburger Ausg. Bd. 6, S. 526)
Die wirklichen Personen: seine junge Frau und er sowie der Autor und einige Personen, die beiden bekannt waren. Ziemlich kompromittierend für das jungvermählte Paar, ist doch an einer gewissen Stelle des Romans von »stammelnden Lippen«, »wütenden Küssen«, »verwirrten Sinnen« die Rede – und es ist nicht der Bräutigam, in dessen Armen der Braut »die Welt vergeht«. Hatte er sie jemals so gesehen, »bebend zwischen Liebe und Zorn«, wie er es bei Goethe liest, seine sittsame junge Ehefrau?
Es ist durchaus nicht sicher, daß Goethe sie so gesehen hatte. Aber er KONNTE sie so sehen, wenn er sie so beschrieb.
Man hätte Kestner verziehen, falls er auf Rache gesonnen hätte. Ein Duell wäre das mindeste gewesen.
Wie kleinmütig nimmt sich dagegen seine Reaktion aus.
»Lotte hat z. B. weder mit Goethe noch mit sonst einem anderen in dem ziemlich genauen Verhältnis gestanden, wie da beschrieben ist. Dies haben wir ihm allerdings sehr übel zu nehmen, indem verschiedene Nebenumstände zu wahr und zu bekannt

sind, als daß man nicht auf uns hätte fallen sollen…«, schreibt
Kestner an einen Freund. (Hamburger Ausg. Bd. 6, S. 527)
Es geht ihm um den Leumund! Wie übertrifft er darin doch noch
das Bild, das Goethe von dem allzu rechtschaffenen, etwas höl-
zernen Albert im Roman zeichnet!
Was werden die Leute sagen? Das ist die Sorge dessen, dem es
um sein Image geht, um Selbstrechtfertigung.
Und was sagt der Autor dazu? »Könntet Ihr den tausendsten Teil
fühlen, was ›Werther‹ tausend Herzen ist, Ihr würdet die Un-
kosten nicht berechnen, die Ihr dazu hergebt!«
Die Menschen haben ein Herz. Sie werden mitfühlen. Das ist es,
was der Autor darauf entgegnet. Er hält sie alle für seine geboren-
en Brüder und Schwestern, die ihn lesen.
Ist er Werther? Nicht insofern Werther tot ist und Goethe lebt.
Als er Werther sterben ließ, hat der sich endgültig von seinem
Autor gelöst und ist den anderen Weg gegangen, »zum Bleiben
ich, zum Scheiden du erkoren«.
Ist Kestner Albert?
Goethe an Kestner, 21. November 1774: »Wenn ich noch lebe,
so bist du's, dem ich's danke – bist also nicht Albert.«
Nichts war ganz erfunden, und nichts war so geschehen, wie es
erzählt wurde. Ein ganz gewöhnlicher Roman also.
Doch ungewöhnlich erfolgreich. Unvorstellbar, welche Wirkung Goethes »Werther« auf die Gemüter der Zeitgenossen
hatte. Ein Bestseller par excellence, wie er nur entsteht, wenn ein
Autor, abgesehen von der Begabung, gut zu sein, intuitiv erfaßt,
worauf sein Publikum gewartet hat. Was es nicht kennt, aber
braucht, um sich selbst zu verstehen. Eine Art ultimativer Relevanz für die Leser seiner Zeit – die hatte »Werther«. Ein Autor
und sein Stoff – ein Roman und sein Publikum: Hier schien alles
füreinander geschaffen zu sein.
Der Autor: »Ich hatte gelebt, geliebt und sehr viel gelitten«, hat
er mehr als fünfzig Jahre später über diese Phase seines Lebens
gesagt. Eine fatale Neigung, sich den Frauen anderer Männer zu
nähern, machte ihm zu schaffen. Gerade hat er sich in Wetzlar
von Lotte Buff losgerissen, die mit Kestner verlobt war und ihn
bald darauf heiraten würde, da findet er sich schon wieder in ein

ähnliches Verhältnis mit einer blutjungen Ehefrau verstrickt, Maximiliane Brentano, Tochter der Schriftstellerin Sophie von La Roche und zukünftige Mutter von Bettina, die dem alternden Goethe noch Scherereien machen wird. Wo er auch hinkommt – es scheint für ihn die Rolle des entsagenden Familienfreundes und abgeklärten Ratgebers vorgesehen. Sie gefiel ihm verständlicherweise nicht.

Beruflich trat er auch etwas auf der Stelle. Das Reichs-Kammer-Gericht in Wetzlar, wo er ein paar Monate gearbeitet hatte, war nicht ganz seine Welt. Jurisprudenz vielleicht auch nicht ganz sein Fach. Als Autor hatte er wohl mit seinem ersten Theaterstück einigen Erfolg gehabt, aber wie sollte es jetzt mit ihm weitergehen?

Außerdem hatte er zu viele traurige Gedichte gelesen. Später, 1813, als er das dreizehnte Buch des dritten Teils von »Dichtung und Wahrheit« schrieb, konnte er leicht spotten über »all diesen Trübsinn«, »die elegische Trauer« der einstmals modischen englischen Autoren (Young, Gray, Milton, Goldsmith, …) – damals, 1774, steckte er mittendrin, und der »kranke jugendliche Wahn« war auch sein eigener, er selbst fühlte sich »im schleppenden, geistlosen, bürgerlichen Leben« hingehalten und dem Selbstmord so nah, daß er die verschiedenen Praktiken überdachte und zu dem Schluß kam, man müsse sich den Dolch mit eigener Hand in das Herz stoßen. (Er wollte es probieren, kam aber nicht voran damit.)

Sein Publikum war wie er gestimmt. *Taedium vitae* eine Modeerscheinung. Die Welt war anscheinend voller junger Gesandtschaftssekretäre, angehender Legationsräte und zukünftiger Kammergerichtspräsidenten, die große Ziele vor sich und kleine tägliche Aufgaben hatten – Weimar ließ sich in Hannover, Hannover ließ sich in Braunschweig vertreten und alle übrigen überall, das war ein Hin und Wider von Legationen, Gesandtschaften und höfischen Emissären mit den entsprechenden Dienerschaften, Sekretären, Ehefrauen und heiratsfähigen Töchtern, mit Festlichkeiten, Empfängen, Einladungen, die erwidert und wiederum erwidert wurden, mit Eifersucht, Klatsch und Tratsch und unendlich vielen hübschen Gelegenheiten, sein Herz zu verlieren, ganz oder halb, für das Leben oder die Dauer eines Menuetts, eines Contretanzes... »Von unbefriedigten Leidenschaften gepeinigt, von außen zu bedeutenden Handlungen keineswegs angeregt« – so fand sich Goethe inmitten einer Generation seiner Gesellschaftsschicht, der es genauso ging. Sie waren schon seine Leser, bevor er für sie schrieb.

Nur Johann Christian Kestner paßte das alles nicht. Bei der allgemeinen Umarmung von Autor, Zeitgeist und Publikum blieb er beleidigt daneben stehen.

»Verzeiht mir, wenn Ihr könnt.« (Goethe an das Ehepaar Kestner im Oktober 1774)

Soll das alles sein?

»Gib Lotten eine Hand ganz warm von mir, und sag ihr: Ihren Namen von tausend heiligen Lippen mit Ehrfurcht ausgesprochen zu wissen, sei doch ein Äquivalent gegen Besorgnisse...«

Und schließlich: »Nagt mich nicht...« (Hamburger Ausg. Bd. 6, S. 528)

Wenn Kestner ihn erschossen hätte, könnte man es verstehen!

Aber wir kennen Albert: ein durch und durch selbstbeherrschter und anständiger Mann – und etwas dusselig, wenn es um seine Interessen geht. Man muß schon ganz ohne Skrupel sein, den Seelen- und Ehefrieden dieses Rechtschaffenen zu gefährden.

Man muß ganz ohne Skrupel sein, wenn man schreibt!

Kein Pardon für niemanden.

Was stört Herrn Kestner daran, daß er bei Goethe vorkommt?

Ganz nebenbei: Wer spräche heute von Herrn Kestner, wenn er nicht bei Goethe vorkäme? Auf diese Weise ist er direkt ein bißchen unsterblich geworden. Obwohl, wenn man es genau nimmt, Herr Kestner wahrlich nicht das Zeug zur Unsterblichkeit besaß. »Albert hätte ein wenig wärmer sein mögen«, schreibt er an einen Freund.

Das könnte ihm so passen. Man darf ihn verwenden, wenn es sich nur vorteilhaft für ihn macht. Am liebsten würde er sich in Dithyramben besingen lassen zum fünfzigsten Jubiläum seiner Tugendhaftigkeit.

Das ist es, was die Modelle vom Autor verlangen: Er soll höflich sein. Er soll anklopfen, scheu hereintreten und fragen, worüber er schreiben darf. »Sie haben da eine entzückende kleine Frau. Erlauben Sie, daß ich ihre Schönheit besinge?« »Ja, aber bitte vergessen Sie nicht, auf ihre Sittsamkeit hinzuweisen.« So wäre es Herrn Kestner recht gewesen.

Autoren können sehr höflich sein. Aber nicht wenn sie schreiben. Sie sind indiskret von Berufs wegen. Denn Höflichkeit und Wahrheit vertragen sich bekanntlich schlecht. Jedes Kind weiß das. Und Wahrhaftigkeit ist der einzige Anspruch, von dem wir nicht lassen mögen. Nicht aus Gründen der Moral – wir sind zu jeder Schandtat bereit, zu jedem Verrat, wenn es unserer Geschichte nützt –, sondern weil Glaubwürdigkeit das einzige Kapital ist, mit dem wir armen Autoren arbeiten.

Glaubwürdigkeit und Wahrhaftigkeit unserer Figuren – darum geht es uns. Die Wahrheit ihrer Modelle, ihr Anspruch, ihre Wirklichkeit, ist deren Sache. Wir machen keine PR für sie. Aber wir denunzieren sie auch nicht, wenn wir sie zum Modell für die Schwächlinge, die Ignoranten, die begehrlichen Lüstlinge nehmen, mit denen wir unsere Geschichten bevölkern. Die Lüstlinge, Ignoranten und Schwächlinge, die wir alle sind, erkennen sich in ihnen und umarmen sie brüderlich. Endlich brauchen sie nicht mehr beiseite zu stehen, müssen sich nicht mehr verstecken. Jede gute Geschichte ist ein Treffpunkt für Ehebrecher, Gelegenheitsdiebe, Spätaufsteher, Betrüger und anderes Gelichter in uns selbst. Sie feiern wahre Orgien mit den Figuren. Sogar die Mörder tanzen mit. Sie am wildesten.

Und da kommt wer und beschwert sich, daß er ungefragt Modell gestanden hat für einen dieser Verlierer, die sich gerade so wundervoll amüsieren? Welcher Spielverderber meldet sich da zu Wort?

Bitte beruhigen Sie sich. Ich habe alles getan, um Ihr Incognito zu wahren. Ihr Alter, Ihren Personenstand, Ihren Geburtsort, Ihren ganzen Paß habe ich gefälscht. Außerdem werde ich Sie verleugnen, wo ich nur kann. Mehr kann ich wirklich nicht für Sie tun. Es geht mir gar nicht um Sie. Sie kommen nur zufällig in meinem Bewußtsein vor. Verstehen Sie das nicht?

Ja, aber verschiedene Nebenumstände sind zu bekannt, als daß man nicht auf mich käme…, entgegnen darauf die Kestners dieser Welt.

Das hier ist kein Tratsch, entgegnen wir ihnen, indem wir uns auf ihr Niveau herablassen. Das ist eine Erzählung. Sie muß wahrhaftig sein –

Aber Sie lügen doch! fallen die Kestners uns ins Wort…

Sie sehen, es ist ein Dilemma. Es führt kein Weg heraus. Sie werden es einfach durchstehen müssen.

3.
Pinocchios Nase
Wie ein Charakter wird

> *Wenn Sie die Personen erschaffen, beob-*
> *achten sie Sie, ihren Autor, äußerst wach-*
> *sam.*
>
> (Harold Pinter)

Eine finstere Nacht. Vorbeihuschende Schemen. Ein Friedhof. Grabsteine. Sturm. Die Wolken reißen auf. Im flüchtigen kalten Mondlicht sieht man die beiden Grabschänder am Werk. Schnitt...

Frankenstein will einen Menschen machen, und er besorgt sich den Bausatz dazu auf dem Friedhof. Stück für Stück setzt er ihn aus toten Teilen zusammen. Frankenstein ist Professor, weiß also, wie das geht. Dann ein bißchen Hokuspokus, und das Monster ist geboren.

Es entsteht in der Retorte, ein künstlich synthetisierter Mensch.

Ganze Literaturen handeln von den fatalen Folgen dieses Schöpfungsakts. Die Zombies schlagen zurück. Künstliche Welten rüsten zum Krieg gegen die alte Erde auf. Virtuelle Realitäten schlucken die Wirklichkeit. Zauberlehrlinge versuchen verzweifelt, sich auf den Trick zu besinnen, mit dem man Wunder rückgängig macht. Frankensteins Monster hat nämlich, kaum daß es existiert, ein unbezwingbares Bedürfnis, geliebt zu werden. Es sucht eine Gefährtin, um mit ihr eine Welt von Monstern zu zeugen. Sein Schöpfer hat einiges zu tun, wenn er das verhindern will... Jetzt, zu spät, wünscht er, er hätte sich niemals darauf eingelassen, ein Monster zu schaffen.

Mary Shelley war, als sie die Idee zu »Frankenstein« hatte, gemeinsam mit Percy Bysshe, mit dem die Zwanzigjährige seit kurzem verheiratet war, zu Gast in einer Villa am Genfer See, die Lord Byron gehörte. Man unterhielt sich mit Schauergeschichten. Mary, Tochter von Mary Wollstonecraft, der ersten englischen Frauenrechtlerin, und William Godwin, dem Philosophen und Autor, wußte, wem sie ihre Story erzählte: zwei Dichtern und Byrons Leibarzt, der selber auch gern gedichtet hätte. Kunst und Wissenschaft, Poetik und Anatomie – zusammen wollten sie einen ganz neuen Menschen machen. Mary als junge Mutter, die vor kurzem auf ihre Art einen neuen Menschen zur Welt gebracht hatte, erzählte ihnen die Schauergeschichte vom männlichen Schöpferwahn. Ein abschreckendes Beispiel für Künstler, Autoren und alle, die es werden wollen.

Der beste Weg, um ein Monster zu schaffen: Man nehme lauter Teile und setze sie zu einem Ganzen zusammen. Dann bringe man der Figur Laufen und Sprechen bei und schicke sie auf die Reise, auf daß sie sich Gefährten suche.
Wie gesagt, Mary Shelley hat den Stoff als Schauergeschichte konzipiert. Und es ist schauerlich! Frankensteins Monster ist nämlich kein Charakter, sondern eine Art Leerstelle. Nichts als die Projektionsfläche der Ängste, die es auslöst.
Man fürchtet nicht für es. Man hat Angst vor ihm.
So wie man Angst vor Bomben oder Gewitter hat. Die Geschichte von Mary Shelleys Monster ist nicht seine Geschichte, sondern die Geschichte derjenigen, die Angst vor ihm haben. Frankenstein ist die Hauptfigur, nicht sein Geschöpf. Bis man begreift, daß das Monster liebesfähig ist. Es kennt die Sehnsucht. Es leidet. Bis dahin hat man schon gelernt, es zu fürchten. Jetzt beginnt das Grauen erst. Auf einmal entdeckt man das ganze Ausmaß des Gräßlichen: Ein Monster, das liebt, ist unberechenbar geworden. Es ist eine Person, keine Maschine mehr. Es ist ein Mensch – und wir wissen: Schlimmeres gibt es nicht. Lautlos und hinterrücks ist jemand aus den Kulissen getreten: die Hauptfigur. Dies ist ihre Geschichte. Jetzt erst wird sie wirklich schauerlich.

Kluges Kind Mary Shelley. Zeigt den anwesenden Dichtern, wie aus einem Produkt des Schöpferwahns ein Charakter wird. Die entscheidende Lektion für jeden, der Fiction schreibt.

Ein kühnes Unterfangen bleibt es in jedem Fall.

Marys Lektion eins: Man gebe acht auf sich. Monster sind gefährlich. Sie sind destruktiv und haben die Tendenz, sich gegen ihren eigenen Schöpfer zu wenden. Frankenstein wird am Ende von seinem Monster umgebracht. Es ist unbeherrschbar und unbeeinflußbar.

Denn das sind Charaktere. Einmal auf den Weg gebracht, pfeift man sie nicht mehr zurück. Sie tun, was sie wollen. Und wenn es Monster sind, dann agieren sie wie Monster. Das heißt: Sie machen einem den schönsten Plot kaputt.

Wo überhaupt soll ein Plot sein, wenn der Charakter ein Zombie ist? Der Plot einer Geschichte ist nichts anderes als die Funktion des Charakters, dem sie passiert. Ein anderer Charakter, ein anderer Plot. Umgangssprachlich: »Das konnte nur dir passieren.«

Das narrative Prinzip ist antitotalitär. Es begründet das Recht auf die eigene Geschichte, die nicht mit derjenigen der Nation, der Gesellschaft, der Klasse identisch zu sein hat. Wo das der Fall ist, haben wir auf einmal lauter kleine Frankenstein-Monster, deren Geschichten uns nicht interessieren. Es sei denn, daß sie sich auf die Suche nach ihrem ganz persönlichen Glück gemacht hätten…

Das Recht auf »persuit of happiness«, garantiert in der Verfassung der Neuen Welt, hat immer schon im Bereich der Fiction gegolten. Keine einzige Geschichte kommt ohne es aus. Irgendwie handeln sie alle davon, daß jemand sein Glück verfolgt. Das narrative Prinzip wirkt in Story und History. Da, wo es in der Geschichte wirkt, wirkt es im Sinne der Humanisierung von Gesellschaften. Doch kehren wir zur Story, zum Bereich der Fiction zurück.

Marys Lektion zwei: Die Unheimlichkeit des Monsters beruht nicht darauf, daß es böse ist. Sie beruht darauf, daß es unvollständig humanisiert ist. Den Weg zur Menschwerdung hat es nicht ganz zurückgelegt.

Frankensteins Monster ist als Organismus komplett. Es ist alles dran, was sein Schöpfer, sein Konstrukteur auf dem Friedhof fand: tote Materie, nach Plan zusammengefügt und wie ein Motor mit Treibstoff, mit Energie versorgt. So ist es menschenähnlich, wenn auch sichtbar monströs, aber doch kein Mensch. Als Maschine kann es kontolliert werden. Die Gefährdung, die von ihm ausgeht, ist manifest, aber beherrschbar, wenn man sie kennt.

Wie sähe die »Geschichte« dieses Monsters aus, sofern es eine Maschine, ein Roboter ist?

Seine »Geschichte« wäre als Plot ein Perpetuum mobile. Sie würde niemals zum Stillstand kommen. Sie zielte nirgendwo hin. Keine Richtung wäre vorgegeben. Sie hätte kein Ende, außer wenn ihr durch Gewaltanwendung von außen eines gesetzt würde. ALLES könnte in ihr passieren.

Frankensteins Monster ist, als Charakter betrachtet, von völlig offener Disposition. Recht und Unrecht, Tod oder Leben gilt ihm gleich. Darum ist es gefährlich, ohne daß es böse ist. Auch moralisch ist es offen und indifferent.

»Es ist zu allem fähig.« Ein Synonym für das Schrecklichste. Aber eine Geschichte ergibt sich nicht daraus.

Erst als das Monster beginnt, sich nach einer Gefährtin zu sehnen, erst als es einen Wunsch zeigt: nämlich geliebt zu sein, kommt eine Geschichte in Gang, deren Protagonist es ist.

Als unter allen Optionen eine für ihn Belang erhält, als er etwas begehrt und versucht, es für sich zu gewinnen, erhält sein Handeln ein Ziel und wird Handlung einer Geschichte.

Eine böse Geschichte, in der ein unvollständig Mensch Gewordener sich verliebt. Jetzt erst ist die ganze Gefährlichkeit des Monsters offenbar.

Nicht seine Defizite machen es fürchterlich. Sondern daß es etwas will. Es ist wie eine Waffe, die, lange schon geladen, jetzt entsichert ist. Klick. Der Schuß kann jederzeit losgehen. (Und natürlich geht er los.)

Jetzt kann es nämlich böse werden, das Monster, wie jeder Mensch, dem vorenthalten wird, was er begehrt.

Marys dritte Lektion: Was das Monster begehrt, IST begehrenswert. Wenn es das je bekäme, würde es ihn zum Menschen machen. Niemand, der nicht versteht, daß das Monster geliebt werden möchte. Darum läßt seine Geschichte uns nicht kalt.
Nicht daß wir jedes Begehren jedes Protagonisten teilen. Nicht daß wir als Publikum alles verzeihen. Unbescheidene Wünsche ahnden wir mit dem Entzug unseres Verständnisses und unserer Sympathie. Der Reiche, der Verführer, der Tyrann haben es schwer bei uns. Aber wem es um Erlösung geht, um Liebe oder um Freiheit, um die Verwirklichung einer aus dem Mangel geborenen Utopie – mit dem empfinden wir. Selbst dann, wenn er ein Monster ist.
Denn wir sind auch Monster, fehlerhaft, defizitär, was unsere Menschwerdung anbelangt. Identifikationssüchtig, wenn wir spüren, daß es um Erlösung geht. Ohne Ansehen der Person folgen wir dem Verbrecher zum Ort des Verbrechens und nehmen anschließend jede Strafe mit ihm auf uns, nur um auch dabeizusein, wenn das Monster zum Menschen erlöst wird – oder untergeht.

Was Mary Shelley lehrt:
Ein Charakter ist mehr als eine Summe von Eigenschaften.
Herkunft, Alter, Haarfarbe, Bildungs- und Familienstand... All diese Bestandteile hat Frankenstein nach dem richtigen Bauplan zusammengefügt, belebt – und doch nur einen Zombie erhalten.

Ein Charakter ist der Zombie, der etwas will.

Und was will er?
Ein Mensch sein.
Das ist es, was der Charakter will.
Von seiner defizitären Zombienatur erlöst werden will er. So gerät er in die Story, deren Hauptfigur er ist. Alle Geschichten handeln von seiner Menschwerdung.

Das Paradox des Geschichtenerzählens: Am Ende erst ist der Charakter da. Trotzdem muß mit ihm begonnen werden, damit man versteht, was er will und warum die Geschichte sich zugetragen hat.

Der Plot ist die Funktion UND die Konstruktion des Charakters. Er setzt ihn voraus, UND er schafft ihn erst.

Nicht zwei-, nicht drei-, sondern multidimensional wird ein Charakter konstruiert. Die Dimension der Zeit gehört dazu. Charaktere existieren in der Dimension der erzählten Zeit. Sie entwickeln sich. Sind sie fertig da, ist die Geschichte aus.

Sie müssen Ihre Figuren ganz genau kennen. Wie Frankenstein müssen Sie ihre Anatomie studiert haben. Alles, was an Materie dazu gehört, daß ein Mensch entsteht, müssen Sie zur Hand haben und den Bauplan kennen, nach dem es ein Ganzes bildet: Erbgut, Umwelteinflüsse, Intelligenzquotient... Auch all das, was in Ihrer Geschichte gar nicht zur Sprache kommen wird: ob jemand gern Vanilleeis ißt oder in welchem Alter sie defloriert wurde, müssen Sie wissen. – Aber das ist es nicht. All das ist notwendig, aber nicht hinreichend.

Ein Charakter entsteht erst, wenn man begreift, was ihm fehlt!

Was ihm dazu fehlt, er selbst zu sein oder zu werden – das ist es, was den Charakter in seine Geschichte zwingt, die davon handelt, wie er entsteht: seine Gelegenheit, sich zu materialisieren.

Die wahren Prinzen sind Müllerssöhne. Prinzessinnen beginnen ihre Karriere als Aschenputtel, wie man weiß. In jedem tapferen Helden steckt ein verängstigter Junge, der weglaufen will.

Seine Herkunft aus dem Mangel, aus einem defizitären Stadium seiner Existenz weist den Charakter aus.

Sie bewirkt das Wunder der Identifikation!

Prinzen und Prinzessinnen lassen uns kalt, wenn wir nicht das Aschenputtel, den Müllerssohn in ihnen wiedererkennen. Im Gewinner wollen wir (so wie bei Boris Becker) den Verlierer spüren.

Und selbst der Bösewicht: Zur Würde eines Charakters erhoben, indem seine Herkunft aus dem Mangel aufgedeckt wird, begegnen wir ihm mit der Achtung, die er uns als Charakter abverlangt. Wir gönnen ihm zwar nicht unbedingt ein Happy-End, aber doch das Recht auf die eigene Geschichte.

Der Gegenstand unserer Sympathie muß nicht sympathisch sein, lehrt Mary Shelley uns. Wenn er nur kein Zombie, sondern, durch eine Verletzung, ein Defizit ausgewiesen, ein lebendiger Charakter ist.
Das setzt ja auch seine Fürchterlichkeit erst frei und taucht uns in das Gefühlswechselbad von Verstehen und Verabscheuen (Furcht und Mitleid). Je mehr man ihn begreift, desto verabscheuungswürdiger erscheint der Bösewicht. Je verabscheuungswürdiger er erscheint, desto mehr – und mit wachsendem Schrecken – begreift man, wozu er fähig ist. Man begreift es, weil man, ganz kurz nur, seine Verletzung gesehen hat.

Robert de Niro als Max Cady in »Cape Fear« von Scorsese ist ein solcher Bösewicht (USA 1991, Remake des gleichnamigen Films von J. Lee Thompson, 1961).
Als der Film in den Kinos der USA lief, wurden mancherorts eigens Therapeuten bereitgestellt, Notärzte für die Psyche, um die schlimmsten Folgen dieser Tortur gleich an Ort und Stelle zu behandeln.
Die Erzeugung von Furcht und Schrecken im Kino, schon immer ein Bestandteil des Faszinosums Film, erreicht hier ein Extrem, das unabhängig von der Grausamkeit des Geschehens auf der Leinwand ist. Es gibt Filme, in denen mehr Blut vergossen wird. Die Gewalt, der wir in diesem Film ausgesetzt sind, ist von anderer Art. Sie geht von der Konfrontation mit dem Charakter aus, den de Niro verkörpert.
Zu Anfang sehen wir seinen nackten Rücken. Dieser Mann ist stark. Und er ist nur von einem Impuls beherrscht: sich für erlittenes Unrecht rächen zu wollen. Beides sagt uns ein Blick auf diesen Rücken. Die Waage der Gerechtigkeit ist in ihn tätowiert. Alttestamentarische Sprüche von Rache und Ge-

setz, in seine Haut graviert, lassen keinen Zweifel am Credo dieses Mannes aufkommen. Er wird nicht einfach grausam sein, sondern grausam zu sein ist seine Religion. Seine innigsten, heiligsten Gefühle sind darauf konzentriert. Seine Mimik, Ausdruck innerer Bewegung, besteht im Spiel seiner Rückenmuskulatur. Als er sich schließlich umdreht, erleidet man schon den ersten Schock. Ein Gesicht wie aus Stahl. Kein Nerv rührt sich darin.

Eine letzte Hoffnung: Vielleicht ist er dumm. Starke, böse Menschen sind als dumm bekannt.

Nein, er ist nicht dumm.

Ich brauche keine Bücher, sagt er, als er das Gefängnistor passiert. Ich weiß, was drinsteht. Ich habe sie alle gelesen. Wie alle wahren Bösen ist er, wenn es sein muß, auch noch kultiviert.

Er ist intelligent. Er ist topfit. Und frei ist er jetzt auch.

Er ist gefährlich.

Wenn er sich eine Zigarre anzündet, rutschen die Leute im Kino ein bißchen tiefer in ihre Sessel. Der da raucht nicht zum Spaß. Entspannung kennt er nicht. Er kennt nur eins: das Unrecht, das ihm widerfahren ist, und den Wunsch, es seinem Verursacher heimzuzahlen, seinem Anwalt (Nick Nolte), demselben, der in dem Prozeß, der zu seiner Verurteilung führte, einen strafmildernden Umstand verschwiegen hat. Wissen Sie, Anwalt, was das bedeutet, zwölf Jahre Haft? sagt er. Ich habe meine Tochter seitdem nicht mehr gesehen.

Ein ganz kurzer Subfilm über Knasteinsamkeit, Knastsex, Knastbrutalität läuft vor den inneren Augen der Zuschauer ab. Erst wenn wir das begriffen haben, daß er nicht nur Haß, Stärke, Intelligenz, sondern auch eine Seele hat, kann es losgehen. Erst dann sind wir ihm ganz ausgeliefert, wie Anwalt Bowden und seine Familie es sind.

Ein Unmensch, der ein Mensch ist, das ist de Niro in »Cape Fear« und darin nah verwandt mit Frankensteins Monster. Er hat nämlich gelitten. Er ist verletzt worden. Kein Zombie, ein Charakter.

Um so gefährlicher.

Auch der komische Charakter ist verletzt. Auch ihm fehlt etwas. Dustin Hoffman als Michael Dorsey in »Tootsie« (Sydney Pollack, USA 1982) nimmt die weibliche Rolle in einer Fernsehseifenoper nur an, weil er als Schauspieler eine Serie von Niederlagen erlebt hat. Die meisterhafte Exposition des Charakters in diesem Film führt vor Augen, wie ein existentielles Defizit direkt in den Plot mündet:

Ein dunkler Bühnenraum. Michael, der eine Rolle spricht. Thank you, kommt eine Stimme von irgendwoher, we're looking for someone a little older. Schnitt.

Ein anderer Bühnenraum. Michael spricht ein paar Sätze. Thank you, we're looking for someone a little younger. Schnitt.

Ein dritter Bühnenraum. Die Stimme: Das war sehr gut, wirklich fabelhaft. Leider haben Sie nicht die richtige Größe.

Schnitt.

Wir haben begriffen: Ab jetzt wird er einfach alles für eine Rolle tun. Er wird die komischsten Sachen tun. Im Falsett sprechen. Perücken tragen. Auf Stöckelschuhen gehen. Sich beinahe von einem heiratswilligen Witwer küssen lassen... Denn die komischen Helden machen all diese komischen Sachen, um sich nicht aufhängen zu müssen. Mit einem riesigen Satz versuchen sie das Vakuum zu überspringen, das ihre Existenz umschließt, und nehmen es in Kauf, daß über ihre Verrenkungen, ihre verstauchten Füße gelacht werden kann.

Sie sind keine Alleinunterhalter, keine Kabarettisten, sondern Charaktere, deren Story wie jede Geschichte davon handelt, daß sie einfach sie selber sein wollen.

Und die Helden? Die Retter? Die Kommissare?

Die selbstbewußten Frauen mit ihrem sieghaften Sex-Appeal?

Wo ist ihr Problem? Müssen wir sie als Zombies einstufen?

Nur wenn sie unverletzlich wären. In diesem Fall würde sich niemand für sie interessieren.

Aber sind sie das etwa?

Nicht einmal James Bond ist unverletzlich. So wenig wie der große blonde Siegfried ist er das, der immerhin in Drachenblut gebadet hat, das unverwundbar macht. Wäre ihm nicht ein kleines Lindenblatt auf die Schulter gefallen, könnte man Siegfried vergessen. Man hätte niemals von ihm gehört. Er wäre irgendwann an Altersschwäche gestorben wie so viele, die kein Mensch besingt. Dem Lindenblatt verdankt er seine Unsterblichkeit im Reich der Narration.

Seine verwundbare Stelle: Sie weist Richtung und Ziel für den Plot dieser Passage des Nibelungenlieds. Lange bevor sie der Speer Hagens trifft, zielt alles auf sie hin.

Sie zu kennen, setzt Intimität voraus. Nur Kriemhild und der »Autor« dieser Geschichte, wer immer das ist, kennen sie und sind befugt dazu. Diese Kenntnis betrifft Siegfrieds Privatsphäre.

Aus ihr kommen die Helden immer, wenn sie in den Plot eintreten. Dort wird vor allem geschlafen und geliebt. Dort ist jeder verletzlich.

Die Autoren von Kriminalserien wissen das. Sie statten ihre Kommissare in guter alter, auf A. C. Doyle, Simenon und Chandler zurückgehender Tradition mit Zügen aus, die ihr Privatleben betreffen und im Hinblick auf ihre Funktion für den Plot Beiwerk sind, Accessoirs: Zerknautschte Regenmäntel, Pfeifen, Hobbykochambitionen, Sammlerleidenschaft, burschikose Sekretärinnen, Ex-Ehefrauen, Neigung zu Beinah-Affären, Apfelkuchen mit Sahne und einer Partie Billard von Zeit zu Zeit…

Plötzlich, Komplizen ihrer heimlichen Süchte und Schwächen, haben wir Angst um sie. Wir wünschen, daß sie zu ihren Kochtöpfen, Bettgefährtinnen und Sahnetörtchen zurückkehren mögen. Wir verstehen, daß sie es manchmal ein bißchen müde sind, schon wieder den Kommissar machen zu müssen und einen Krimiplot voranzutreiben, wie es ihnen das Genre und die ihnen eigene Spürnase für Verbrechen vorschreiben. Ja, diese Müdigkeit zeichnet die meisten von ihnen aus. Sie wollten gerade nach Hause gehen, in Urlaub fahren oder ihren Ruhestand antreten (Beispiel: »Falling down«, Joel Schumacher, USA 1992). Schon sieht man sie unter Palmen oder mit einer wundervollen Frau im Bett – da klingelt das Telefon: Ein neuer Fall ist dran. Auch James Bond ist nicht frei von dieser Müdigkeit. Es gilt sie abzuschütteln und erst Gefahr um Gefahr durchzustehen, bevor der Held sich ihr wieder überlassen darf.

Diese Müdigkeit, die Lust, einfach zu leben, zu genießen und sich gehenzulassen, bezeichnet den Bereich, aus dem der Held seiner Geschichte kommt, bevor er in sie eintritt und in den er wieder zurückgeht, wenn sie beendet ist: sein »privates« Leben, das er als Mann, als Vater seiner Kinder, als Kind seiner Eltern hat, als Langschläfer, als Hobbygärtner, als Leser, als Liebhaber von Mehlspeisen, Skatspieler, Briefmarkensammler und sanfter Alkoholiker... All das ist er, auch wenn es in der Geschichte, die jetzt anbricht, nicht zutage tritt.

Es gehört zu seiner Backstory, dem Bereich, aus dem auch die Verletzung stammt, die den Charakter konditioniert. Da, wo er ganz privat, ganz intim ist, da ist er am verletzlichsten.

Kein Wunder, daß er mit Unwillen reagiert, wenn er diese Sphäre brüsk verlassen muß, um sich seiner Geschichte auszusetzen. Eben wollte er seine Geburtstagstorte anschneiden – da geht das Telefon. Ich muß schnell ins Büro, sagt er und zieht seinen Mantel an... Eine Zumutung, findet (nicht nur) seine Frau.

Wie heißt das Codewort in »Telefon« (Don Siegel, USA 1977)?

Des Waldes Dunkel zieht mich an,
doch muß zu meinem Wort ich stehn
und Meilen gehen,
bevor ich schlafen kann. (Robert Frost)

Es ist das telefonisch übermittelte Stichwort, auf das hin die Personen ihre beschaulichen privaten Existenzen verlassen, um sich nur noch von einem dominanten Impuls leiten zu lassen und zum Täter zu werden, der sich mit seiner Tat gleichzeitig selbst auslöscht. Ihre Konditionierung geschah schon lange bevor die Handlung einsetzt, in ihrer Backstory. Ihre »Verletzung« besteht darin, daß sie hypnotisch behandelt und für den Einsatz als Kamikaze-Agenten präpariert worden sind.

Die Rückkehr ins Privatleben im Zeichen der Ermüdung nach getaner Arbeit (Action) kann auch das Sterben sein. Im Tod ist der Held seiner Geschichte dann wieder ganz bei sich.

Wo die Helden herkommen, da kommen wir als Leser und Zuschauer selber her. Und wohin sie am Ende zurückkehren, dahin kehren wir nach der getanen Arbeit des »Lesens« eines Films, einer Erzählung selbst zurück. Darum verstehen wir sie.

Damit wir sie verstehen, brauchen wir die Signale ihrer Müdigkeit. Wir begreifen ihre Faulheit, ihren Unwillen, sich in die Geschichte hineinziehen zu lassen. Denn das wird kein Spaziergang, weder für uns noch für sie. Die Berufung zum Helden, zum Kommissar, zum Gangsterboß, zum Propheten, zum Rächer, zum Retter oder auch nur dazu, eine Liebesgeschichte zu bestehen, löst einen Fluchtreflex aus, der seit Jahrtausenden narrativer Überlieferung immer der gleiche ist:

Sende doch wen du willst! sagt Mose zu Gott, als der ihm das Werk der Rettung der Kinder Israels aus Ägypten aufträgt. Gott muß schon einiges an Überredungskünsten aufbieten und ihm ein paar seiner Zaubertricks vorführen, bis er Mose so weit hat, daß die Geschichte beginnen kann. Und so geht es ihm später mit den Propheten, die er anwerben will: Jeremia sucht Ausflüchte: Ach Herr, …ich bin noch zu jung! Hesekiel – »Mensch, stell dich auf deine Füße, ich will mit dir reden« – zieht »voll bitteren Unmuts« los, die Hand des Herrn lastet schwer auf ihm.

Am schlimmsten stellt sich Jona an. Er beschließt zu verreisen, um dem Los zu entgehen, seine Geschichte durchstehen zu müssen. Da hat er sich aber geirrt. Gott ist als Autor nicht ohne Raffinement, wie die Lektüre der Bibel vor Augen führt. Charaktere zu schaffen ist eine Spezialität von ihm. Jona, dem er, im Unterschied zu manchen anderen, nur vier Kapitel widmet, ist als Charakter ein kleines Meisterwerk für sich: Als der Befehl ihn erreicht, der großen Stadt Ninive ihren Untergang zu verkünden, verdrückt er sich zuerst einmal. Er bucht eine Reise nach Tharsis, bezahlt seine Schiffspassage, geht an Bord und legt sich in seiner Kabine zum Schlafen hin. Seine Müdigkeit ist so groß, daß er den Sturm verschläft, in dem das Schiff beinah unterzugehen droht. Der Kapitän muß ihn wecken! Irgend jemand ist an Bord, der den Zorn Gottes auf sich zieht: Jona, der Ausreißer! Nehmt mich und werft mich ins Meer, sagt er der Schiffsmannschaft. Sein Fluchtversuch ist mißglückt. Gott hat ihn eingeholt. Er sieht

das selbst ein und will die anderen nicht mit ins Verderben reißen. Niemand in dieser Geschichte ist ein Bösewicht, auch nicht
der Kapitän und seine Leute. Erst als gar nichts mehr geht, werfen sie Jona über Bord und haben ein schlechtes Gewissen dabei.
Sofort beruhigt sich das Meer, und Gott kann seinen Plan mit
dem Walfisch in die Tat umsetzen, in dessen Bauch Jona jeden
Widerstand gegen göttliche Befehle aufgibt, wie man sich denken kann. Jetzt ist er reif für Ninive.
Inzwischen kennen wir Jona: Er ist kein Held. Erst dann, wenn
es sich gar nicht mehr vermeiden läßt, handelt er. Kein Eiferer,
kein Fanatiker, sondern einer, dem es eher peinlich ist, öffentlich
als Prophet aufzutreten und das ganze Geschrei machen zu müssen, das damit verbunden ist. Jetzt, nachdem er an Land gespuckt ist, macht er sich auf den Weg, um pflichtgemäß den
Prophetenjob zu tun, der darin besteht, vor verstockten Herzen
zu predigen und tauben Ohren zu künden, daß der Untergang
droht.
Und was passiert? Er ist der erfolgreichste Prophet aller Zeiten!
Kaum erscheint er in der Stadt, ändern die Menschen sich, selbst
der König zeigt Reue und ruft sein Volk zur Buße auf. Auftrag
ausgeführt.
Gott ist begeistert. So etwas hat er noch nie erlebt. Er schickt
einen Propheten, und man hört auf ihn! Ausnahmsweise beschließt er, diesmal gnädig zu sein und die Strafaktion auszusetzen. Erfolgreicher kann das Unternehmen nicht abgeschlossen
werden.
Ist Jona stolz darauf? Nein, er ist beleidigt. Wie steht er jetzt
da? Er hat ein großes Ding angekündigt, und nichts ist passiert!
Jetzt kann er es ja zugeben: Er hat selbst nicht daran geglaubt.
(»Ich wußte ja, daß du ein gnädiger und barmherziger Gott
bist.«)
Leute wie Jona glauben nicht an das große Ding. Dafür haben sie
den Blick für kleine menschliche Schwächen. Selbst allzu
menschlich, sind sie Menschenkenner. Als Kommissare treten
sie im zerknautschten Mantel auf. Sie sind Langschläfer. Sie
kommen gerade aus dem Bett. Sie würden gern Beobachter bleiben, und gegen ihren Willen werden sie ins Geschehen gezogen,

wenn ihnen schließlich »das Wasser bis zur Seele steht« (Jona zu Gott im Walfisch). Wenn es denn unbedingt sein muß, sind sie zu großen Taten fähig, nicht aus Ideologie, sondern aus Menschlichkeit. Ideologisch sind sie Realos. Fundamentalismus ist ihnen fremd. Ihre Rollen sind mit Harvey Keitel, Robin Williams oder mit Dustin Hoffman zu besetzen.

Heutzutage sieht ihre Geschichte etwa so aus:

Ein Mann wird wegen kleiner Betrügereien zu einer Geldstrafe verurteilt. Die Geschäfte gehen schlecht. Er hat Schulden. Seine Frau schmeißt ihn raus. Nicht einmal sein kleiner Sohn ist sicher, ob er ihn bewundern soll. Ein ganz normaler Verlierer des Lebens, der nicht weiß, wie seine Talfahrt zu stoppen ist. Da fällt auf einmal direkt neben dem Highway, den er befährt, ein Flugzeug vom Himmel. Ohne zu überlegen, steigt er aus und rettet die halb bewußtlosen Passagiere aus dem brennenden Wrack. Bis die Rettungsmannschaften kommen, hat er, ganz nebenbei und unter Einsatz seines Lebens, das meiste schon getan, und, nachdem er sich über den Verlust eines seiner neuen Schuhe geärgert hat, verschwindet er von der Szene.

Wenn er nicht, anders als Jona, im Medienzeitalter lebte, wärs das schon. Der Rest würde sich zwischen Gott und ihm abspielen. So spielt er sich im Fernsehen ab. Dort wird der unbekannte große Held gesucht. Aber Leute wie Jona und dieser »Hero« (dt. »Ein ganz normaler Held«, Stephen Frears, USA 1992) haben merkwürdig wenig Begabung für die Selbstdarstellung, wie sie den echten Helden angeboren scheint. Sie scheinen nicht zu begreifen, wie man PR für sich macht, indem man sich als Retter feiern läßt. Dustin Hoffman läßt sich die Schau von einem Angeber stehlen. Jona wird schwermütig. Finster grollend läßt er sich auf einem der Hügel außerhalb von Ninive nieder und blickt von dort auf die Stadt, ob sie nicht endlich untergehen will. Als typischer Depressiver kann er nicht mehr den geringsten, unbedeutendsten Frust verarbeiten. Als in seinem Vorgarten auch noch ein Baum verdorrt, will Jona nicht mehr leben. (Der Schluß ist offen.)

Die Helden dieser Art sind gefährdet, verletzlich und immer irgendwie im falschen Stück. Am liebsten wollen sie sich aus ihrer eigenen Geschichte verdrücken. Und indem sie davor flie-hen, passiert sie ihnen.

Sie handelt von nichts anderem als von ihrer Flucht vor ihr.

Das narrative Muster, fast dreitausend Jahre alt, ist unverwüst-lich jung.

Seine Hauptfigur ist der Anti-Held.

Dessen Kennzeichen: Müdigkeit.

Seine Bewegung: die Flucht.

Was passiert, wenn zwei Frauen wie »Thelma und Louise« (Rid-ley Scott, USA 1990) den Männern entfliehen wollen und, sei es nur für einen Wochenendtrip, nichts als frei und für sich sein?

Antwort: Sie begreifen, daß das so unmöglich ist, wie es für Jona war, Gott zu entkommen, oder sie werden, spätestens, wenn sie die erste Rast machen, ihr blaues Wunder erleben.

Das erleben sie. Louise erschießt den Mann, der Thelma verge-waltigen wollte. Jetzt sind sie wirklich auf der Flucht. Sie haben einen Revolver, ein Auto und sich selbst, um es mit ihren Ver-folgern aufzunehmen, die Grundausstattung also, über die der normale Kinoheld verfügt. Sie benutzen sie genau wie er: Sie schießen, rauben, betrügen und hoffen, daß sie die Grenze nach Mexiko erreichen.

Aber sie sind Frauen. Darin liegt ihre Verwundbarkeit. Je weiter sie sich von der Männergesellschaft entfernen, den Übereinkünf-ten, die dort in Geltung sind, desto dichter sind die Männer ihnen auf den Fersen. Je mehr Freiheit sie sich nehmen, desto enger schließt sich der Kreis der Ordnungshüter, die sie am Ende stellen werden. Oder umgekehrt: Je enger sich der Kreis um die beiden Frauen schließt, desto freier werden sie.

Das ist die Paradoxie der Fluchtbewegungen der Anti-Helden:

Sie schießen, weil sie Gewalt verabscheuen.

Sie geraten in Gefangenschaft, weil sie frei sind.

Im Irrenhaus werden sie dadurch auffällig, daß sie nur allzu nor-mal sind, und mit einer Spezialbehandlung um den Verstand ge-bracht (»Einer flog über das Kuckucksnest«, Milos Forman, USA 1975).

Es ist, als sei ihnen ihre eigene Geschichte auf den Fersen, bis sie

sie endlich stellt. In der Regel ist es dann allerdings zu spät, um noch als Sieger daraus hervorzugehen.

Der Sieg des Anti-Helden besteht darin, daß er sich geweigert hat, sich verfügbar zu machen. In diesem Sinne ist Jona leider Verlierer. Er hatte es ja auch mit dem Allmächtigen zu tun. Man kann verstehen, daß ihn das deprimiert.

Thelma und Louise, auf ihrem Trip in die Freiheit, geraten an einen Abgrund. Vor ihnen klafft die Schlucht, und hinter ihnen sind die Waffen entsichert. Die ultimative Freiheit fängt da an, wo es nicht weitergeht. Sie fassen sich an den Händen und geben Gas. Einen Moment lang glaubt man, daß ihr Auto Flügel hat...

Selbst hartgesottene Gegner des Feminismus kamen beschwingt, gerührt, hingerissen aus diesem Film. Als hätten sie, die doch sonst überall feministische Flöhe husten hören, die überdeutliche Botschaft dieser Geschichte nicht vernommen. In Wahrheit haben sie sich in Thelma und Louise verliebt.

Vor allem wahrscheinlich in Thelma. (Louise ist ja auch, wie man weiß, nicht mehr zu haben, sondern mit einem rundum sympathischen Vertreter seines Geschlechts liiert.)

Das geht keineswegs nur auf die Rechnung von Geena Davis, die allerdings unglaublich ist. Es ist ebenso sehr das Verdienst der Autorin Callie Khouri, die Charaktere zu schaffen weiß.

(Übrigens auch an Louise läßt sich die Logik eines Charakters studieren: Warum will sie nicht nach Texas? Sie ist dort vergewaltigt worden. Tief in ihrer Backstory liegt der Grund dafür, daß sie Thelmas Vergewaltiger erschießt. Ihre Verletzung setzt den Plot in Kraft.)

Thelma kommt aus dem Schlaf und der Müdigkeit wie alle Helden, in ihrem Fall einer Ehe von grauenhafter Normalität. Ihr Mann ist einfach nichts anderes als ein Kotzbrocken und trägt damit nebenbei zur Entlastung der Zuschauer bei, die sich in Thelma verlieben und ihr alles verzeihen, was sie anrichtet.

Was ist es, was sie mehr als alles andere will?

Spaß. Sie will Spaß haben. Der Wunsch wird aus ihrer Backstory verständlich: Mit diesem Mann kann sie sich bisher nur gelangweilt haben. Und sie beginnt auch sofort sich zu amüsieren. Ihre Begabung dafür ist schlichtweg umwerfend.

Harmlos? Sicher. Doch nicht in einer Welt, in der Frauen Freiwild sind. Darin liegt ihre Verwundbarkeit, daß sie das nicht weiß. Thelma ist naiv. Das ist ihr wunder Punkt.

Eine Frau wie Thelma läßt den ganzen Laden der männlichen Moral auffliegen, wenn sie frei herumläuft und ihn zufällig betritt. Darin bestätigt sie jedes männliche Vorurteil und widerlegt es gleichzeitig. Sie ist stark, weil sie sexy und voller Leben ist und das gerade entdeckt – und sie ist schwach, weil sie eine verwundbare Stelle hat.

Beides begründet die große Verliebtheit des Publikums in sie: Mit ihrer Kraft, ihrem Sex, ihrer Lebendigkeit weiß sie es zu bezaubern. Mit ihrer Naivität, ihrer Schwäche weckt sie seine Beschützerinstinkte. Man zittert, weil man sie liebt. Man liebt sie, weil um sie gezittert werden muß.

Dann, atemlos, verfolgen wir ihre Verwandlung.

Thelma emanzipiert sich – auch von der Gunst des Publikums. Sie läßt sich nicht mehr treiben von den Umständen. Sie ist nicht mehr das Opfer von Verhältnissen, die andere schaffen: Diesmal handelt sie. Sie überfällt einen Supermarkt und räumt die Kasse aus. Aber das Publikum ist ihr längst so verfallen, daß es ihr das verzeiht. Wenn sie und Louise schließlich einen ganzen Tanklastzug in Flammen aufgehen lassen, jubeln sogar die Tanklastzugfahrer im Publikum. Haben sie etwa je eine Frau auf der Autobahn angemacht? Wenn ja, werden sie es nie wieder tun, nachdem sie Thelma begegnet sind.

Wenn Thelma am Leben bliebe, müßte sich die ganze Männerwelt ändern. Und es ist ja wohl eher unwahrscheinlich, daß sie das tut. Schlechte Aussichten für Thelma und Louise…

Ihr oder ich – einer von uns muß sich ändern. Starke Charaktere verkörpern diese Zumutung an den Rest der Welt.

Die Welt bleibt wie sie ist. Also ändert sich Thelma.

Zu Anfang ist sie ein Weibchen, zaudernd, abhängig, angewiesen darauf, daß sie ein stärkerer Wille lenkt. Das ist Louise. Louise hat die Idee gehabt, zu verreisen. Sie weiß, wohin es geht. Sie sitzt am Steuer des Autos. Sie trifft Entscheidungen. Sie paßt auf Thelma auf. Sie zieht den Revolver. Sie ist der Mann unter den beiden Frauen.

In einer furiosen Sequenz des Films kehrt dieses Verhältnis sich um. Thelma, naiv, wie sie ist, hat sich und Louise in eine ausweglose Situation gebracht: Louise hat Geld besorgt, das sie für ihre Flucht ins Ausland benötigen. Sie deponieren es ausgerechnet unter der Matratze, auf der Thelma die erste wahre Sexnacht ihres Lebens verbringt – mit einem Dieb. Am Morgen ist er mit dem Geld auf und davon. Wenn Thelma sagt: »Verlaß dich auf mich, ich bringe das wieder in Ordnung«, vermutet man, jetzt könne es nur noch schlimmer kommen. Dann erleben die Zuschauer, wie eine Frau Wort hält, die zum erstenmal im Leben selbst eine Tat vollbringt: Mit gänzlich unverbrauchter Energie tut sie das, was sie ihrem Lover abgeguckt hat: »Ladies and Gentlemen, dies ist ein Überfall…« Und sie ist ein Naturtalent darin.

Allerdings hat Thelma nun auch alles vermasselt. Auch darin ist sie ein Naturtalent. Jetzt ist den beiden Frauen jeder Weg zurück abgeschnitten. Jetzt geht es nur noch dem Abgrund zu.

Trotzdem ist es einer der Glücksmomente im Kino, Thelmas Wandlung zu erleben, zu sehen, wie sie an Louise und allem, was sie bis jetzt in Abhängigkeit gehalten hat, vorbeizieht und sich als Handelnde beweist. Wie sie auf einmal sie selbst wird und als Charakter erscheint, als Hauptfigur einer Geschichte, die von nun an ihre eigene ist.

Um sie selbst sein zu können, wird sie eine andere.

»The transformational arc« nennt Linda Seger das.

Im Märchen wirft die Prinzessin einen Frosch an die Wand, und ein Königssohn fällt herunter. So sieht derselbe Vorgang im Zeitraffer aus. Doch »it takes time to transform a character«. (Seger 149)

Das Prinzip der schmerzhaften Konfrontation steckt auch im »Froschkönig«. Durch sie vollzieht sich die Wandlung. Sie geschieht im Konflikt.

Für Thelma ist es nicht nur die Konfrontation mit der Männerwelt. Es ist die Erfahrung der Lust, der Liebe, der Freundschaft, des Verrats, der Gewalt und der Freiheit, die sie verändert. Die Begegnung mit einer Welt, die jenseits derjenigen Welt liegt, die sie bisher gekannt hat. Im Konflikt mit ihr ist sie gezwungen, sich aufzugeben oder zu werden, was sie ist: eine starke Frau.

Denn natürlich schafft man Prinzen nicht dadurch, daß man Frösche an Wände wirft. Es muß schon ein Prinz im Frosch gesteckt haben, damit es klappt. Seine Chance erlöst zu werden, liegt in einer schmerzhaften Konfrontation. Im Durchleben einer Erfahrung, im Kampf mit einer Welt, die ihr entgegensteht: im Konflikt also – offenbart eine Figur, »was in ihr steckt«.

Der Autor ist die Prinzessin, die den Frosch an die Wand wirft und hofft, daß ein Charakter herunterfällt.

Die schmerzhafteste Konfrontation ist die mit dem Tod. Um zu überleben, müssen die Helden sie bestehen. Dies ist das unsterbliche, erhabene Klischee aller Narrativik.

Sie müssen eine Zone der Todesnähe passiert haben. Sie müssen in die Unterwelt, in den Keller, in den Walfischbauch, nach Transsilvanien, nach Vietnam, auf die Wolfsjagd... Sie müssen auf das Dach des Hochhauses und in den Abgrund sehen, während jemand versucht, sie hinabzustoßen. Oder in die Tiefgarage, wenn dort geschossen wird. Sie müssen krank werden, und wenn sie delirieren, von einer sanften Frau gepflegt werden, die sie schon lange liebt, und wenn sie die Augen aufschlagen, endlich begreifen, daß es so ist. (»Witness«, dt. »Der einzige Zeuge«, Peter Weir, USA 1985)

Denn auch die Erfahrung der Liebe gehört dazu. Liebe und Tod arbeiten Hand in Hand, wenn es darum geht, dem Charakter zu seiner Wandlung zu verhelfen.

Die Konfrontation mit beiden macht Parzival fähig zu mitmenschlichem Verhalten und zum Gralskönigtum, Odysseus zur Heimkehr nach Ithaka, Luke Skywalker zum Sieg über den Death Star, Garp und seine Frau, eine Ehe zu führen, Forrest Gump, klug zu handeln trotz seiner Debilität...

Das narrative Prinzip triumphiert über Genre- und Niveaugrenzen. Immer wieder verschafft es einem Publikum, das hinsichtlich seiner intellektuellen und ästhetischen Ansprüche differiert, den triumphalen Augenblick des Glücks, dabei zu sein, wenn ein Charakter sich über alle Zwänge und Hindernisse erhebt und dazu aufschwingt, er selbst zu sein: Thelma und Louise, wie sie in pathetischer Zeitlupe über den Abgrund fliegen...

Und wenn im Frosch nun kein Prinz steckt?
Wenn er einfach als das herunterfällt, was er schon immer war: als Frosch? Wäre das nicht einfach lächerlich?
Genau das. Es ist komisch.
Einen komischen Charakter werfen Sie wieder und wieder an die Wand, und er fällt immer als Frosch herunter.
Und was ist mit den Blessuren, die er dabei erhält? Sind die auch komisch? Nein.
Erlauben Sie Ihrem Publikum niemals, auf Kosten des Helden zu lachen. Auch nicht des komischen.
Sie sind der Komiker. Nicht der Held. Ihr Umgang mit ihm ist komisch. Er selber ist so ernst wie jeder andere Charakter, dessen Geschichte sich aus dem Schmerz, dem Mangel herleitet. Wird man ihn nicht ernst nehmen, verkommt Ihr Spiel mit ihm bald zu einer Ulk-Nummer.
Auch der Schöpfer komischer Charaktere muß sich vor der Todsünde der Denunziation hüten. Ihr folgt die für Autoren schlimmste Bestrafung: die Verweigerung der Identifikationsbereitschaft beim Publikum.
Aber nehmen Sie Thelma: Ist sie etwa nicht komisch? Eine Hausfrau auf ihrem Trip ins Vergnügen. Wie sie tanzt, wie sie Männer anmacht, wie sie Louise durch Betteln und Schmollen so weit bringt, ihr den kleinen Halunken, den sie aufgabeln, als Spielzeug zu gönnen – das ist der Frosch, wie er immer wieder versucht, ins Bett der Prinzessin zu gelangen, und dabei nichts als eine Triefspur hinterläßt. Aber dann, im Konflikt mit einer Welt, die sie für diese harmlosen Späße, für dieses bißchen Freiheit, das sie sich genommen hat, mit Freiheitsentzug strafen will, nimmt sie Anlauf und springt – und verwandelt sich.
Wie Thelma das fertigbringt?

Das bleibt ihr Geheimnis.

Ebensogut hätte sie verzagt und abhängig bleiben können. Woher ein Mensch die Kraft bezieht, zu handeln und sich der Übermacht der Verhältnisse zu widersetzen – zu welchem Ende das immer führt: Es bleibt seine Sache. Es ist der unausdeutbare Bezirk einer Persönlichkeit. Und insofern Charaktere lebendige Personen sind, umfassen sie auch die Aura ihres Geheimnisses.

Autoren müssen nicht klüger als das Leben sein. Je näher man jemandem kommt, desto eher begreift man die Unlösbarkeit des Rätsels, das er ist.

Sartre hat François Mauriac vorgeworfen, daß er Figuren schafft, die nicht frei sind. Sie sind wie Thérèse Desqueyroux, die Hauptfigur des Mauriac-Romans »Das Ende der Nacht«, völlig vorhersehbar, Teile eines so stark codierten Systems, daß es möglich ist, in jedem Augenblick ihre Aktionen oder Reaktionen vorherzusehen. Sartre stellt dieser Figur Stavrogin, die Hauptfigur von Dostojewskis »Dämonen«, gegenüber. Der Leser kann Stavrogins Verhalten nie vorhersehen: Er ist frei. (Zitiert bei Alain Robbe-Grillet, Vom Anlaß des Schreibens, Vortrag im Institut Culturel Franco-Allemand in Tübingen, dt. von Karin Rick, 1989, konkursbuchVerlag Claudia Gehrke, S. 15)

Die Freiheit eines Charakters ist sein Geheimnis. Sie bedingt die Unvorhersehbarkeit seiner Handlungen und damit die »Spannung«, die einer Geschichte innewohnt. Sie bringt zum Ausdruck, daß ein Charakter lebt.

Ist es also zutreffend, was manche Autoren bedeutsam mitteilen: daß sie von ihren eigenen Charakteren überrascht werden, kaltgestellt sozusagen, ausgetrickst von deren Spontaneität? Nein, wenn das bedeutet, daß sie vollkommen spontan, unberechenbar, »zu allem fähig« sind, was bekanntlich für Monster zutrifft. (Auch Sie und ich übrigens, die wir uns etwas darauf zugute halten, möglichst easy und aufgeschlossen zu sein, offen für die vielfältigen Möglichkeiten des Lebens, immerzu Reisende, »Erlebnistouristen«: Wir sind vielleicht keine Monster, aber schlechte Charaktere für die Geschichte, die uns als Protagonisten hat. Das narrative Prinzip hat sich aus dem privaten Leben ein Stück weit zurückgezogen. Als Autoren haben wir da ein kleines Zeitgeistproblem am Hals. Möglicherweise hat die Misere des deutschen Films und der deutschsprachigen Literatur auch hier ihre Ursachen.)

Wenn ein Charakter jedoch auf seiner Reise dem Abgrund zu, auf die Sie ihn geschickt haben, indem Sie ihn so und nicht anders anlegten, plötzlich Flügel hat und fliegt... dann kann es sein, daß er auch Sie als Autor weit unter sich läßt...

Der Hauptfigur einer Geschichte kommt man nah, indem man sie erzählt. Mehr ist von ihr nicht zu haben. Näher geht es nicht. Doch wenn man sieht, wie Thelma, noch warm von ihrer heißen Nacht – »Das freut mich«, sagt Louise, »daß du mal richtig gevögelt worden bist« –, plötzlich begreift, daß der Kerl mit Louises Geld auf und davon ist und was das für sie beide bedeutet, dann kommt man ihrem Geheimnis doch verdammt nah...

Kennen Sie Pinocchio? Das kleine Kerlchen mit der langen Nase, die noch länger wird, wenn er lügt?

Alles, was Sie als Autor über den Umgang mit fiktionalen Charakteren wissen müssen, können Sie bei Carlo Collodi lernen, dem Schöpfer des Kinderbuch-Bestsellers von 1883, der nichts anderes als eine neue Version des alten Pygmalion-Stoffes war, der von Ovid überlieferten Sage vom Bildhauer, dem seine eigene Statue unter den Händen lebendig wird.

Es fängt mit einem Stück Holz an. Kein besonderes Holz. »Ein ganz gewöhnliches Stück Brennholz.«

Sie erinnern sich: Gute Stoffe sind nicht spektakulär. Aber sie haben es in sich. Nur muß man erkennen, was es ist, was sie in sich haben, und was sich daraus machen läßt.

»Ich werde ein Tischbein daraus machen.« Da ist offensichtlich der Falsche am Werk.

»Au, du hast mir weh getan!«

Ein ganz feines Stimmchen kommt aus dem Holz. Es wehrt sich gegen die unsensible Behandlung.

Kurz darauf betritt Meister Gepetto die Tischlerwerkstatt. Er sucht ein Stück Holz, um sich daraus eine Puppe zu schnitzen. (Etwas Glück und Zufall ist auch immer mit im Spiel, wenn der richtige Stoff dem Richtigen in die Hände fällt.)

Gelingt es ihm, den Charakter herauszuarbeiten?

Kaum ist Gepetto zu Hause, da holt er gleich sein Handwerkszeug herbei. (Sie kennen das: Man kann nicht abwarten, wenn man spürt, daß in einem Stoff etwas drinsteckt.)

»Ich werde ihn Pinocchio nennen.«

Bevor es ihn gibt?

Wann sonst? Der Charakter bedingt seine eigene Entstehung in dem Plot, dessen Protagonist er ist. Ohne daß er schon da ist, kann es nicht losgehen:

Als Gepetto den Namen gefunden hat, macht er sich an die Arbeit. Er gibt der Puppe Umrisse. Dann macht er die Augen.

»Ihr Holzaugen, was starrt ihr mich so an?«

Von jetzt an kann er nicht mehr tun, was er will. Sein Geschöpf sieht ihm zu. Ab jetzt muß mit ihm gerechnet werden. Kaum hat Gepetto ihm Hände gemacht, reißt es ihm die Perücke vom Kopf. Pinocchio läßt es an Respekt seinem Schöpfer gegenüber fehlen. Kaum hat er Füße, versetzt er ihm einen Tritt.

Aber es kommt noch schlimmer: Gepetto nimmt ihn an die Hand und zeigt ihm, wie man einen Fuß vor den anderen setzt. Und was macht Pinocchio? Er fängt an, allein zu gehen, schlüpft aus der Tür, springt auf die Straße und macht sich davon...

Eine Katastrophe. Denn Pinocchio ist seinem Schöpfer in einem Stadium entschlüpft, in dem er noch unvollkommen war: Um selbständig zu sein, verantwortlich für sich selbst und andere, muß er seine Geschichte erleben. Er muß lernen, was Mangel ist, Not und Gefahr, er muß Menschenkenntnis erwerben, lernen, für andere einzustehen, fähig werden zu lieben – kurz: Er muß ein Mensch werden.

Noch ist er eine Puppe. Als Person unfertig, behaftet mit diesem Mangel, richtet er nur Schlimmes an, betrügt und läßt sich betrügen, macht eine Frau, die Fee mit den blauen Haaren, unglücklich, schlägt alle Warnungen, alle Angebote, sich helfen zu lassen, in den Wind, weigert sich, etwas zu lernen, und entfernt sich dabei immer weiter von seinem Schöpfer Gepetto, zu dem er eigentlich doch wieder zurück möchte.

Der hat ihm, als er ihn schuf, ein dominantes Merkmal verpaßt und ihn damit für eine Geschichte konditioniert, wie sie nur ihm, Pinocchio, passieren kann: seine lange Nase, an der man seinen Vorwitz erkennen kann, die Kraft, die ihn vorantreibt und von einem Abenteuer ins nächste stolpern läßt. Mit einer kürzeren Nase wäre ihm das alles nicht passiert.

Aber warum wächst sie noch, wenn er lügt? Das ist Pinocchios Geheimnis. In diesem taktlosen, ungeschliffenen Wesen scheint etwas wie ein Gewissen zu schlummern. Ein Stück von einem Menschen in der Holzpuppe, das sie erlösungsanfällig macht…

Doch zuerst muß Pinocchio die allerschlimmste Erfahrung, die Reise im Bauch des Walfisches, machen. Er fällt ins Meer und wird von ihm verschluckt.

Und wenn er am tiefsten unten ist – wen trifft er da? Meister Gepetto, der auch im Walfisch gefangen ist! Ihm fällt nichts mehr ein, um die Geschichte zu Ende zu bringen, als seine Vorräte aufzuzehren.

Jetzt wächst Pinocchio über sich selbst hinaus: Er rettet seinen Schöpfer – nicht etwa umgekehrt.

»Kaum hatte sich Gepetto auf den Schultern seines Sohnes zurechtgesetzt, da warf sich Pinocchio, der seiner Sache ganz sicher war, ins Wasser und schwamm davon.«

Jetzt darf Pinocchio auch endlich ein richtiger Junge sein…

Wenn ein Charakter lebendig wird, wenn er mehr als ein Zombie, eine Holzpuppe ist, nach Frankensteins Verfahren aus toten Einzelteilen zusammengebastelt, wenn er »tragfähig« und »seiner Sache ganz sicher« ist – dann rettet er seinen Autor aus jeder Verlegenheit des Plots.

Dann muß nichts mehr erfunden werden. Dann ist es seine Geschichte.

Exkurs III
»Hinweg! rief die Marquise«
Über die Tücken des Dialogs

Gibt es eine peinlichere Geschichte als die, die der Marquise von O. zugestoßen ist?

Die Marquise ist Witwe, jung, unbescholten und schön. Sie ist nach dem Tod ihres Mannes, »dem sie auf das innigste und zärtlichste zugetan war«, in ihr Elternhaus zurückgekehrt, wo sie ganz der Kunst, der Lektüre und Erziehung ihrer beiden Kinder lebt, in größter »Eingezogenheit«. Eines Tages jedoch bemerkt die Marquise eine gewisse »Mattigkeit« an sich. »Wiederholte Unpäßlichkeiten«, Schwindel, Ohnmachten befallen sie. »Eine unbegreifliche Veränderung ihrer Gestalt« wird unübersehbar. Ein Arzt wird zu Rate gezogen, dessen Diagnose die Marquise zutiefst empört und standesgemäß in Ohnmacht sinken läßt. Denn wie die Jungfrau Maria weiß sie von keinem Mann.

Ein derartiges Wunder läßt sich der Welt nur schwer vermitteln, wie man weiß. Der Kommandant von G., der Vater der Marquise, jagt seine Tochter aus dem Haus. Die Mutter badet in Tränen. Der Bruder wendet sich ab. Die Marquise ist allein. Sie nimmt ihre beiden Kinder und zieht sich auf ein Landgut zurück, das ihr geblieben ist. Das Bewußtsein ihrer Unschuld gibt ihr die Kraft, »sich mit Stolz gegen die Anfälle der Welt zu rüsten«. Indem sie beginnt, kleine Mützen und Strümpfe zu stricken, schickt sie sich in ihr Los. »Sie beschloß, sich ganz in ihr Innerstes zurückzuziehen, sich, mit ausschließlichem Eifer, der Erziehung ihrer beiden Kinder zu widmen, und des Geschenks, das ihr Gott mit dem dritten gemacht hatte, mit voller mütterlicher Liebe zu pflegen.« (zitiert nach Heinrich von Kleist, Werke in einem Band, 5. Aufl., München 1990)

Es gibt nur zwei, die die Lösung des Rätsels kennen und wissen, wer der Vater ist: der Leser und dieser selbst.

Und die Wahrheit ist so peinlich!

Im Zentrum dieser Geschichte steht eine einzige große entsetzliche Peinlichkeit.

Hätte sich die Marquise verführen lassen, hätte sie aus Schwäche gesündigt – all das wäre weniger peinlich gewesen. Man hätte es gestehen und zur Tagesordnung übergehen können. Die Wahrheit aber, um deren Enthüllung es in der Novelle geht, ist unaussprechlich, weil ihre Peinlichkeit unsäglich ist. An ihrer Stelle steht nichts als ein Gedankenstrich im Text.

Als der Marquise am Ende die Augen aufgehen, ist es auch für sie, deren Stärke im Hinnehmen von Unabänderlichem schon erprobt ist, fast zu viel:

»Ich werde wahnsinnig werden, meine Mutter.«

»Du Törin«, erwidert die. »Was fehlt dir? Was ist geschehn, worauf du nicht vorbereitet warst?«

Und in der Tat: Man hätte es wissen können. Die Wahrheit ist ebenso peinlich, wie sie naheliegend ist.

Denn es gab einen Moment, in dem die Marquise nicht bei sich gewesen ist. Und zufällig war das neun Monate vor der Entbindung. Und zufällig war auch ein Mann dabei. Die Marquise weiß es. Die Eltern wissen es. Eine Anzahl weiterer Personen muß es wissen. Und niemand soll darauf gekommen sein? »Wir Sinnberaubten«, sagt die Obristin, die Mutter, und trifft wieder einmal das richtige Wort.

Und das ist geschehen: Beim Überfall feindlicher Truppen auf die Zitadelle, deren Kommandant der Obrist, der Vater der Marquise, ist, fiel die junge Frau einer Horde Soldaten in die Hände, die sie beinah vergewaltigt hätten, wenn nicht ein Retter erschienen wäre, ein junger Offizier, der die Wüstlinge verjagt und die Marquise in einen ruhigen Flügel des Schlosses geführt hat, »wo sie auch völlig bewußtlos niedersank. Hier – traf er, da bald darauf ihre erschrockenen Frauen erschienen, Anstalten, einen Arzt zu rufen; versicherte, indem er sich den Hut aufsetzte, daß sie sich bald erholen würde; und kehrte in den Kampf zurück.«

Nebenbei: Warum hatte er seinen Hut nicht auf dem Kopf?

Ist es so schwer zu erraten, warum der Graf F. sich in der folgenden Zeit so seltsam benimmt? Warum zögert er, die Täter zu identifizieren? Warum taucht er nach Wochen plötzlich wieder auf, um die Marquise zur Ehe zu drängen? Warum erkundigt er sich so angelegentlich nach ihrem Befinden? Was hat man von seinen exaltierten Liebeserklärungen zu halten? Warum ist er der einzige, der sich anscheinend nicht fragt, woher sie das Kind hat? Warum will er sie trotzdem heiraten? Fällt es niemandem auf, daß das Kind der Marquise neun Monate nach dem Sturm auf die Zitadelle geboren wird?

Fragen über Fragen, die niemand in der Geschichte stellt. Statt dessen fragt man, wie dem Retter am schicklichsten Dank abzustatten sei.

Die Sprache, die alle Personen in diesem Text sprechen, ist die Sprache der Höflichkeit. Der Graf F. beherrscht sie ebenso wie der Kommandant der von ihm besiegten Festung. Sie erlaubt den Protagonisten, sich als Angehörige ein und desselben Standes zu erkennen, die selbst im Kriegszustand viel mehr eint als trennt und deren Contenance auch unter extremen Bedingungen standhält:

»Er stieß noch dem letzten viehischen Mordknecht, der ihren schlanken Leib umfaßt hielt, mit dem Griff des Degens ins Gesicht, daß er, mit aus dem Mund vorquellendem Blut, zurücktaumelte; bot dann der Dame, unter einer verbindlichen, französischen Anrede den Arm, und führte sie, die von allen solchen Auftritten sprachlos war, in den anderen, von der Flamme noch nicht ergriffenen Flügel des Palastes, wo —«

Ein szenisches Arrangement der äußersten Kontraste: Zwischen Brutalität, Gewalt und Ritterlichkeit gibt es scheinbar keinen Übergang. Beides fällt in eins: Der Retter ist der Vergewaltiger. Der Vergewaltiger ist der Retter.

Das ist die peinliche Wahrheit, die im Zentrum dieser Geschichte steht. Sie ist nicht peinlich, weil sie paradox wäre. Dinge sind, wie sie sind. Erst unsere Art, uns darüber zu verständigen, bringt Peinlichkeit ins Spiel.

Peinlich ist nicht die Tat des Grafen F. Sie ist brutal und verbrecherisch, nicht jedoch peinlich.

Peinlich wird sie erst durch die Dankbarkeit, mit der man ihn verfolgt. Peinlich macht sie das Kostüm des Retters, in dem er aufzutreten hat.

Peinlich ist die Preisgabe der wahren Natur der Dinge erst, nachdem sie mit einer falschen Fassade verkleidet worden sind. Sie einzureißen bedeutet nicht nur die Offenlegung dessen, was sich hinter ihr verbirgt, sondern auch das Eingeständnis des Bemühens, es zu verbergen. Am Ende ist es dies, das verborgen werden soll: das Bemühen zu verbergen. Die Tat selbst wäre noch am ehesten einzugestehen.

Kleist erzählt nicht in der Art der Enthüllung eines Geheimnisses. Auf den ersten zwei Seiten teilt er schon alles mit. Worum also geht es?

Es geht, nach dem, was geschehen ist, darum, die Sprache wiederzufinden. Eine Sprache für das, was unsagbar ist. Das Unaussprechliche.

Die Marquise hat sie verloren. Sie erinnert sich an nichts. Striktes Nicht-Wissen bewahrt sie vor der Peinlichkeit.

Daß sie nichts weiß, bedeutet also gar nichts in bezug auf ihre Kenntnis dessen, was vorgefallen ist. Ebensogut kann sie es von Anfang an gewußt haben. (Und vieles spricht dafür.) Vielleicht war die Ohnmacht der Marquise ebenso geheuchelt und falsch wie die Ritterlichkeit des Grafen F. Oder ebenso echt. Denn der Ritter in ihm hält späterhin jeder Prüfung stand. So wie ihre Unschuld späterhin jeder Prüfung standhält.

Auf dieser Ebene gelingt die Kommunikation: Ritterlichkeit und Ohnmacht antworten einander. Sie entsprechen sich. Aber, konventionell, wie diese Signale sind, mit denen sich Mann und Frau verständigen, entsprechen sie nicht der Wahrheit, die offenbar werden muß, wenn es für das Glück dieses Paares eine Zukunft geben soll.

Könnte es etwa nicht wahr sein, daß eine junge Frau, seit Jahren allein, sich diesem schönen, attraktiven, in der vorteilhaften Rolle des Retters auftretenden Mann einfach hingeben will (»Der Marquise schien er ein Engel des Himmels zu sein«), zumal in dem Tumult und Aufruhr des Kampfes die Dämme der Konventionen sowieso schon gebrochen sind? Und was hätte sie anderes und besseres tun sollen, wenn das wahr ist, als tief in Ohnmacht zu fallen?

Ein rascher Fehltritt, ein Akt, nicht ohne Gewalt, was ihn anbelangt, und ganz ohne Besinnung, soweit es sie angeht. Wem hätten sie das erklären sollen? Und wie?

Verzeihen Sie, ich habe Ihre Tochter vergewaltigt und möchte nun um ihre Hand anhalten. – Etwa so?

Oder: Er gefällt mir. Ich habe ihn schon ausprobiert. – So etwa?

Die Not, in der die Personen sich allesamt finden, ist eine sprachliche. Was ihnen fehlt, ist die Sprache für das, was unbedingt gesagt werden muß. Um sie kämpfen sie.

Dabei sind sie so gebildet. Und so eloquent. Immerzu wird geredet in diesem Text. Eine etwas überhitzte Herzlichkeit scheint das Verhältnis der Personen zueinander zu charakterisieren. Eine Emotionalität, die sich in Kniefällen, Küssen, Tränen, Umarmungen Ausdruck schafft und in dem, was gesagt wird, nur unvollständig zum Ausdruck kommt. Auch der Autor hilft niemandem aus der Verlegenheit. Weder seinen Lesern noch seinen Personen.

Es ist, als müsse man zum Zeugen einer Blamage werden und erlitte die Pein dessen, der alles weiß und es doch nicht verhindern kann. Man hofft so sehr, daß es ausbleibt, aber da geschieht schon, was man befürchtet (und heimlich gehofft) hat:

Der junge Graf F., von der Familie des Kommandanten eigentlich tot geglaubt, taucht plötzlich wieder auf, um, »schön, wie ein junger Gott, ein wenig bleich im Gesicht«, in den Salon zu stürmen, wo sich die Marquise mit ihren Eltern aufhält... »und seine erste Frage war gleich, wie sie sich befinde? Die Marquise versicherte, sehr wohl, und wollte nur wissen, wie er ins Leben erstanden sei? Doch er, auf seinem Gegenstand beharrend, erwiderte: daß sie ihm nicht die Wahrheit sage; auf ihrem Antlitz drücke sich eine seltsame Mattigkeit aus; ihn müsse alles trügen, oder sie sei unpäßlich, und leide. Die Marquise... versetzte: nun ja; diese Mattigkeit, wenn er wolle, könne für die Spur einer Kränklichkeit gelten, an welcher sie vor einigen Wochen gelitten hätte; sie fürchte inzwischen nicht, daß diese weiter von Folgen sein würde. Worauf er, mit einer aufflammenden Freude, erwiderte: er auch nicht! und hinzusetzte, ob sie ihn heiraten wolle?...«

Falls es nicht deutlich geworden ist: Hier spricht ein Mann im Zustand äußerster Leidenschaftlichkeit. Ein Mann, von dem wir wissen, daß er die Frau, der er einen ebenso kühnen wie tölpelhaften Heiratsantrag macht, vor einiger Zeit vergewaltigt und geschwängert hat. Er tut es in Anwesenheit ihrer gesitteten, wohlgeborenen Eltern, die unfähig sind zu begreifen, was sich da vor ihren Augen zuträgt, und in unserer, der Leser, Anwesenheit, die wir mehr wissen als jede der Personen.

Wo sind wir? Ganz nah dabei. So nah, daß wir in das Herz des Grafen sehen und erkennen können, daß er die Marquise tatsächlich liebt. Und gleichzeitig vom Autor ein ziemliches Stück weit weg plaziert. In der Distanz der indirekten Rede sind wir nämlich anwesend. Näher kommen wir nicht heran.

Die großen Intimitäten, von denen Kleist Kenntnis gibt, werden nicht etwa »intim«, von innen, dargestellt, sondern von außen, von einem Abstand aus, der Überblick erlaubt und rationales Verstehen möglich macht.

Die Liebeserklärung, direkt und ohne Umschweife, in der indirekten Rede – das konstituiert die Tonlage dieses Textes. Leidenschaftlichkeit und Distanz. Aufgewühltheit und Gelassenheit. Die schärfsten Kontraste finden sich in einem kurzen Satz: »...und hinzusetzte, ob sie ihn heiraten wolle.« Der Heiratsantrag, derart beiläufig angebracht, ist tatsächlich die unerhörte Klimax des Gesprächs. Die darauf folgenden Versuche der Eltern, den sicheren Boden der Konversation zurückzugewinnen: »...ob er nicht Platz nehmen wolle...« etc., ändern nichts daran, daß der Strom der Gefühle und Bekenntnisse sich ergießt und alles mit sich reißt.

Peinlich? Insofern, als die Verletzung gesellschaftlicher Spielregeln immer heikel ist. Aber peinlich für wen?

Nicht für die Leser. Und darauf kommt es an.

Peinlichkeit darzustellen, ohne peinlich zu sein. (Langeweile, ohne langweilig zu werden. Geduld, ohne die Geduld der Leser zu strapazieren...) Diese Kunst läßt sich bei einem Virtuosen der

Erzählkunst wie Kleist studieren. Der Gegenstand der Erzählung ist eine einzige Peinlichkeit. Im Erzählen ist sie dagegen vollständig aufgehoben. Das hat mit der Perspektive zu tun, die dem Leser verordnet wird. Es ist eine Frage des Abstands zu den Figuren. Aus dem Spiel von Distanz und Nähe ergibt es sich.

Kleist als großer Stilist ist nicht einfach ein Meister im Drechseln von Sätzen. Er ist ein Meister der Rücksichtnahme, der Unaufdringlichkeit im Umgang mit den Personen, von denen er erzählt – ein Genie des Taktgefühls also.

Takt beruht auf der Einsicht in die »gebrechliche Einrichtung der Welt«, um derethalben dem Grafen F. schließlich vergeben wird. Auf dieser Einsicht beruht die Möglichkeit einer glücklichen Zukunft für das Paar, das sich unter solch skandalösen Bedingungen zusammengefunden hat. Es ist die Einsicht, die allem Erzählen vorausgeht, sofern es darauf verzichtet, die eigenen Figuren zu denunzieren und anschließend mit den Lesern ein Tribunal über sie zu veranstalten. Bloßstellung, Denunziation – das wäre der Verrat, den der Autor an seinen Geschöpfen übt.

Kleist macht sich solcher Vergehen nicht schuldig. Darin besteht sein »guter Stil«. Hypotaxe und Parataxe wissen auch andere Autoren zu handhaben. Der Verzicht auf Denunziation und Anbiederung bei den Lesern macht den Rang des Erzählers aus.

Denunziation heißt »Bloßstellung« der Personen. Ihr unverhülltes Erscheinen vor den Augen des Publikums, ihre Zurschaustellung, die sie dem stets latenten Voyeurismus des Publikums überantwortet.

Das Publikum ist dabei, und doch ist der Graf nicht bloßgestellt. Der Autor tritt dazwischen und verwehrt ein Abhören des Dialogs im Wortlaut, den die direkte Rede wiedergäbe. Dem Publikum wird nicht erlaubt, wie ein Spitzel mitzuhören. Trotzdem bleibt ihm nichts vorenthalten. Nicht etwa als Anstandsdame tritt der Autor auf, nicht in der Absicht, das Unerhörte zu vertuschen, das zu hören ist. Sondern:

Da reden sie nun, scheint er zum Publikum zu sagen... sie haben noch nicht begriffen, worum Sie und ich natürlich längst wissen: die gebrechliche Einrichtung der Welt... sie werden es lernen müssen, wenn sie aus diesem Schlamassel wieder herauswollen, in den sie, keineswegs schuldlos, hineingeraten sind. Einstweilen nehmen Sie doch Ihr Ohr von der Wand und hören Sie lieber mir zu. Ich erzähle Ihnen alles, was Sie wissen müssen, um zu verstehen, wie es weitergeht. Überlassen wir diese »Sinnberaubten« ihren verwirrten Gefühlen. Sie wissen es – noch – nicht besser. Aber sind sie nicht, in ihrem Irrtum befangen, manchmal hinreißend? Haben sie es nicht verdient, schließlich glücklich zu werden?

Wer in einer Erzählung »wörtliche Rede« schreibt, schreibt im Diskurs der Unmittelbarkeit.
Je trivialer ein Text, desto mehr wörtliche Rede weist er auf.
Desto weniger gestört vom Autor dürfen die Leser zuhören.
Das ist die Faustregel.
Aber vielleicht ist die Regel selbst nichts anderes als eine Art Sprechblase.
»Der Kuß der Spinnenfrau« von Manuel Puig (1976, deutsch von Anneliese Botond), die literarische Vorlage für den gleichnamigen Film von Hector Babenco (Brasilien/USA 1985), kommt ohne einen einzigen Erzählerkommentar aus. Das Buch besteht nur aus Dialog (und einem umfangreichen Polizeiprotokoll am Schluß). Die beiden Stimmen, deren Text diesen Grenzfall eines Romans bildet, scheinen zuerst aus dem Nichts zu kommen. Langsam begreift man dann als Leser, an welche Wand man das Ohr gelegt hat: Es ist eine Haftzelle, in der zwei Männer zusammengesperrt sind und miteinander reden, weil ihnen gar nichts anderes übrigbleibt: Molina, der schwule Sexualstraftäter, und Valentin, führendes Mitglied einer politischen Widerstandsgruppe.
Nichts wird einem erklärt. Alles muß aus dem erschlossen werden, was gesagt wird. Die halbe Kunst des Erzählens liege schon darin, »eine Geschichte, indem man sie wiedergibt, von Erklärungen freizuhalten«, hat Walter Benjamin behauptet. Dieser Text gibt ihm recht.
Wie der Lauscher an der Wand lernt man langsam, zwei Stimmen zu unterscheiden: die von Molina, der heimlichen »Frau«, als die er denkt und fühlt, und die von Valentin, dem »Männ-

lichen«, dem Rationalen, dem Überzeugungstäter. Man begreift, daß man Zeuge eines Dramas von Liebe und Verrat wird, an dessen Ende der Tod der beiden Protagonisten steht.

Und man begreift, daß die »Rede«, der man lauscht, voller Geheimnisse steckt, die zu entschlüsseln sind. Alles, was Fact, was Handlung ist, erscheint darin in Form von Anspielungen. Es ist, als seien in der Zelle Wanzen installiert, über die man als Leser Zeuge der Gespräche der beiden Gefangenen wird, während man alles, was man wissen will, aus dem Gesagten entnehmen, »herauslesen« muß.

Die Erzählweise, obwohl in der direkten Rede, ist doch indirekt. Sie verweist die Leser auf ihren Platz außerhalb der Zelle, in der Valentin und Molina allein miteinander sind. Sie sind es auch, wenn sie schließlich – der Lauscher an der Wand entnimmt es unmißverständlich den gesprochenen Worten – miteinander schlafen, der durch und durch heterosexuelle Valentin (»...manchmal geht es mir plötzlich durch den Kopf, daß ich niemals mehr eine Frau berühren werde, und ich kann mich nicht damit abfinden«) und Molina, der Strichjunge, dem in Valentin der Mann begegnet ist, nach dem er sich immer gesehnt hat, der eigentlich »männliche« (»...das, worauf wir immer warten, ist die Freundschaft oder was immer von jemand Zuverlässigem, einem Mann, klar. Und dazu kann es nie kommen, denn das, was ein Mann will ... ist eine Frau«).

Und beide tun sie es, um sich gegenseitig zu helfen und in ihrem tiefen Elend zu trösten. Nächstenliebe und Sex verbinden sich zu etwas Unaussprechlichem. Molina wird tatsächlich die letzte Frau sein, die Valentin berührt.

Die beiden Stimmen, unterscheidbar in dem, was sie sagen und wie sie es sagen, lassen die beiden Männer ganz sinnlich präsent sein und doch in einer Distanz vom Leser verharren, die ihnen, wie die Zelle, die sie umschließt, eine Art begrenzter privater Sphäre garantiert. Hier sind sie ganz für sich. Weder für den Voyeurismus des Publikums, noch für die Deutungsversuche des Autors verfügbar. (Bezeichnenderweise fügt er sie in Form von Fußnoten in den Text, deren Entbehrlichkeit diskussionswürdig ist.)

Wie in der Novelle von Kleist ist es die Ambivalenz von Distanz und Nähe, Indirektheit und Direktheit, die den Reiz der Lektüre ausmacht und dazu beiträgt, daß das Unsägliche sagbar wird.

Und wie am Telefon ist jemand in der Präsenz seiner Stimme da und trotzdem unerreichbar fern.

Darin besteht die Erotik des Telefonierens. Nicholson Bakers Telefonsex-Roman »Vox« (New York 1992) lebt davon. Sie gilt es, in den fiktionalen Dialog zu übertragen.

Die Wirkung eines Dialogs liegt nicht in dem, was ausgesprochen, sondern in dem, was verschwiegen wird.

Das gesprochene Wort ist als solches trivial, sich selbst verstehend, oder tiefsinnig, was eine Variante des Trivialen ist. Witz (Scherz, Satire, Ironie) und tiefere Bedeutung stellen sich auf Grund von etwas ein, das mitgemeint, aber nicht ausgesprochen wird. Jeder gesprochene Text hat einen Subtext, der unausgesprochen bleibt. Ihn liest und hört das Publikum mit, während es hört und liest. Manchmal dröhnt er ihm geradezu in den Ohren, während auf der Leinwand oder im Buch nur geflüstert wird.

So in den Filmgeschichten, die Eric Rohmer erzählt. Nicht zufällig hat er »Die Marquise von O.« verfilmt (BRD/Frankreich 1975). In »Das grüne Leuchten« (Frankreich 1985) steigert sich Marie Riviere in der Rolle der Sekretärin, die nicht weiß, mit wem sie den nächsten Urlaub und den Rest ihres Lebens verbringen soll, so hoffnungslos in ihr Geschwätz hinein, daß man statt all des Nonsens, den sie von sich gibt, nur noch: »Hilfe, ich bin so einsam« hört, den Satz, den sie nie sagt, der aber immer unüberhörbarer wird. Der Subtext gewinnt gegenüber dem Text immer mehr Dominanz, bis sie am Ende den Mann trifft, mit dem sie still sein kann. »Da!« ruft sie, als das Wunder am Horizont erscheint (das »grüne Leuchten«), und endlich sind Text und Subtext wieder eins und verweisen auf etwas, das sich außerhalb ihrer selbst begibt (und das im übrigen nichts als eine Illusion ist…).

Der Hall des Unausgesprochenen bildet den Klangkörper dessen, was eine »Stimme« im Text ausmacht. Manchmal lauter, manchmal leiser mitklingend, ist es das, was das Publikum in den Zustand angespannten Hinhörens versetzt.

Was wird hier verschwiegen? Mit dieser Frage lauscht es einem Dialog. Es will nicht mit Geschwätz abgespeist werden. Wie Pornographie alles zeigt – und darum nicht erotisch ist –, benennt Geschwätz alles und bringt sein Publikum um den Reiz des Entschlüsselns.

Folglich kann es, wie im Leben, durch nichts mehr verstimmt werden als dadurch, daß es Personen zuhören muß, die sich gern reden hören – nichts Langweiligeres – und sich als Sprachrohre ihrer Autoren herausstellen, deren Philosophie und Ansichten sie zu verkünden haben.

Natürlich gibt es Geschwätzige in der Welt der Fiktion, wie es sie im Leben gibt. Sie darzustellen, ohne geschwätzig zu werden (als Autor, meine ich), das gehört wie die Befreiung des Peinlichen von der Peinlichkeit zu den Übungen für Fortgeschrittene. Karl May erkenne ich darin eher als Thomas Mann die Palme zu. Mit stehenden Redensarten und abgebrochenen Sätzen wird Old Wabble die Redezeit beschnitten und das Wort abgewürgt – wenn mich meine Lektüreerinnerung nicht täuscht. Naphta und Settembrini im »Zauberberg« dagegen würde ich manchmal als Leserin selbst gern das Wort abschneiden, wenn der Respekt vor ihrem Autor es nicht verbieten würde. Ich will nur sagen: Man hört ihnen eher aus Höflichkeit bis zum Ende zu. Wie es sich eben gehört, wenn man auf einem Platz weiter unten am Tisch sitzt. Vielleicht möchten Sie Ihre Leser nicht dorthin verweisen. Es ist nämlich der Platz, von dem es sich ziemlich leicht aufstehen und vorzeitig verdrücken läßt.

Die Kunst des Dialogschreibens ist die Kunst des Verschweigens.

Wenn man weiß, was es ist, was die Figur sagen will, so geht es darum, zu wissen, was sie statt dessen sagt.

Liebesdialoge, sei es in der Literatur, im Film oder im Leben gehorchen diesem Prinzip. (Auch Liebesdialoge im Leben sind ja schließlich ein Stück Fiktionalität und zeugen von der Kreativität ihrer »Autoren«.) Sonst würden sie immer gleich und immer gleich kurz und bündig verlaufen:

»Ich liebe dich.« – »Ich dich auch.«

Das ist wunderbar, aber auch ein bißchen stumpfsinnig. (Wenngleich es durchaus Momente gibt, in denen die Erzähldramaturgie des Lebens diesen Text empfiehlt...)

Wer nach Alternativen dazu sucht, dem sei neben vielen zauberhaften Szenen in Literatur und Film der Werbungsdialog zwischen Kitty und Levin in Tolstois »Anna Karenina« empfohlen:

Nach zwei Jahren (und mehreren hundert Seiten) des Mißverständnisses und Leidens treffen sie anläßlich einer Gesellschaft in Kittys Elternhaus wieder zusammen. Kein Schatten eines Zweifels trübt das Bewußtsein der Leser des Romans, daß dieses getrennte Paar zusammengehört und daß sie sich nur einmal erklären müssen, um lebenslang glücklich zu sein. Das Vorgefühl davon treibt Leser und Protagonisten in einen Nebenraum, in dem ein Spieltisch steht, auf dessen grünem Tuch Spielergebnisse mit Kreide notiert werden können.

Dieses Paar kann von nichts anderem als seiner Liebe mehr sprechen. Unfähig, länger zu schweigen, greifen sie abwechselnd zur Kreide und teilen sich all die verzwickten Gefühlsgeheimnisse durch Anfangsbuchstaben der Wörter langer Sätze mit, die sie gleichwohl mit der Hellsichtigkeit ihrer Liebe zu entziffern wissen. Alles wird offenbart und verschwiegen gleichzeitig.

»...bevor er fertig war, hatte sie, seiner Hand folgend, schon alles verstanden und die Antwort ›ja‹ hingeschrieben... In ihrem Zwiegespräch war alles klar ausgesprochen worden. Sie hatte ihm gesagt, daß sie ihn liebe, daß sie den Vater und die Mutter unterrichten werde und daß er sich am Vormittag des folgenden Tages einfinden solle.« (zitiert nach Leo Tolstoi, Anna Karenina, dt. von Fred Ottow, München 1955)

Wo die Intimität im Dialog am größten ist, ist Distanz am wichtigsten. Nirgendwo ist das Taktgefühl des Autors, sein »Stil« mehr gefragt als hier. Das Pathos großer Gefühle wohnt ganz nah bei der Peinlichkeit, wie man weiß. Jede Liebesgeschichte schließt auch den Kampf um den ihr angemessenen Ausdruck ein. Sie handelt immer auch davon.

Ein Dialog darf nie mehr sagen wollen, als er sagt. Er muß weniger sagen, damit sein Subtext zum Klingen kommt.

In ungezählten Dialogen in Literatur und Film, gelungenen und weniger gelungenen, klingt »Ich liebe dich« als Subtext mit. Oder »Ich bin unschuldig«. (Forensische Dialoge beziehen ihre Distanz und ihr rituelles Gepräge von den geltenden strengen Prozeßordnungen her. Im Subtext geht es dabei immer ums menschliche Chaos, und darin besteht ihr Reiz für die Fiktion.)

»Was bedeute ich dir eigentlich?«

»Ich habe das Gefühl, wir stehen erst am Anfang.«

»Ich bin doch deine Mutter.«

»Verschwinde aus meinem Leben.«

»Ich habe dich immer respektiert.«

Seifenoperndialoge (aus »Verbotene Liebe«, ARD 1995 , in fünf Minuten notiert und beliebig zusammengemixt) machen mit dem Subtext nicht viele Umstände und verwenden ihn der Einfachheit halber gleich als Text. Im Zentrum des Gesagten steht kein Geheimnis, nichts Beschwiegenes mehr. Alle sind immer dabei, sich zu offenbaren und miteinander auszusprechen. Wärmste Direktheit herrscht.

»Die Marquise von O.« könnte auch »Verbotene Liebe« heißen. Im Zentrum steht hier wie dort ein sexueller Fehltritt, der nicht zur Sprache kommen soll. Die »Marquise von O.« wäre, wenn ihr Subtext als Text erschiene, nichts als eine Seifenoper. Jeder der oben zitierten Sätze könnte der Marquise, dem Grafen F. oder einer anderen Person der Novelle in den Mund gelegt werden.

Indem wir als Autoren Dialog schreiben, entscheiden wir über Würde und Rang der Personen und über das Niveau, auf dem das Publikum Anteil an ihnen nimmt. Kein Aspekt des Schreibens ist so heikel wie dieser. Nirgends zeigt sich der »Stil« eines Autors so unverhüllt wie hier.

Filmautoren betrifft das insbesondere, weil Dialog ihr sprachliches Medium ist. Sie sollten sich das Studium literarischer Erzähler nicht ersparen.

Der Peinlichkeitstest ist zu bestehen.

4.
Cosimos Rache
Die Sache mit dem Plot

»Mr. Greene, in Deutschland werden Ihre
Werke gern als Unterhaltungsliteratur ab-
getan.«
»Ja, wollen sich denn die deutschen Leser
langweilen?«

Frage: Was haben Sheherezade und Fernsehprogrammgestalter
gemeinsam?

Antwort: Die Angst.

Sie wissen beide, daß es um Sein oder Nichtsein geht und daß sie
nur so lange am Leben gelassen werden, wie sie unterhaltsam
sind. Im Grunde erleben sie beide nichts anderes als den immer-
während Aufschub ihrer Hinrichtung, den sie nur dadurch erreichen, daß sie den Vollstrecker des Urteils, das über ihnen
schwebt, von der Vollstreckung abhalten, indem sie ihm etwas
erzählen. Ihr Richter – ihr Scharfrichter – ist das Publikum.

Die Aussage liest sich ebenso umgekehrt: Das Publikum ist ein
Scharfrichter. Und das nicht erst seit Erfindung der Einschalt-
quote. Es braucht sich nur leicht gelangweilt zu fühlen, und
schon besinnt es sich auf seine ursprüngliche Absicht – die Hinrichtung des Erzählers. Mühelos und beiläufig vollstreckt sie das
Publikum, indem es weiterzappt oder ein Buch zuschlägt. Pech
für Sheherezade... Es ist ein Spiel mit hohem Einsatz, das sie
spielt. Ein anspruchsvolles Spiel. Nichts für Anfänger. Jetzt muß
sie zeigen, was sie kann. Und wie in jedem wahren Spiel geht es
ums Leben. Es geht um Alles oder Nichts...

Die Kunst, ein Publikum zu fesseln, daß ihm Hören und Sehen
vergeht, daß es Essen und Trinken, Hunger und Durst vergißt,

die Müdigkeit nicht fühlt, die Gier auf jeden Genuß anderer Art verschiebt, bis diese eine Gier gestillt ist: zu wissen, wie es weitergeht – diese Kunst ist das Höchste, was ein Autor beherrschen kann. Wer dies Spiel spielt, traut sich viel zu.
Er traut sich zu, einen Plot zu beherrschen.

Der Plot einer Geschichte dient als Plan, nach dem ein Autor verfährt, um den höchsten Einsatz im Spiel zu gewinnen: die ungeteilte Aufmerksamkeit des Publikums. Der Plot dient der Überlistung seines latenten Desinteresses.

So steht die Wette:
Das Publikum hat grundsätzlich etwas anderes vor. Es ist verreist, beschäftigt, eingeladen, an Sex interessiert...
Der Autor tut die Absicht kund, es davon abzubringen. (Man beachte die Kühnheit des Unternehmens.)
Er trägt die ganze Last der Einlösung dieser Wette. Das ist gerecht. Denn er ist der Herausforderer in dem Spiel. Niemand hat ihn darum gebeten, die Partie zu eröffnen. Herausforderer handeln immer aus freien Stücken. Ihr Risiko. Sie brauchen das anscheinend.
So sieht es aus. Nicht gut für uns. Auf jeden Fall sind wir eher David als Goliath in diesem ungleichen Wettkampf gegen die geistige Trägheit, siebenundzwanzig Fernsehprogramme und die Verlockungen der Freizeitindustrie.
Ohne List können wir bestimmt nichts ausrichten. Das ist ja Davids Chance: daß er ein bißchen schlauer, wendiger, listiger ist als sein Gegner, der, im vollen Bewußtsein seiner Übermacht, seine empfindlichen Schläfen nicht ausreichend schützt.
Was will das Publikum? Es will etwas erleben. Touristisch und sexuell. Es will auf der richtigen Party sein... Nehmen wir unsere kleine Steinschleuder und zielen genau auf diesen Punkt.
Stellen wir ihm interessante Gesellschaft in Aussicht, Reisen zu Fernzielen, die ersehnte Erfüllung von Liebessehnsüchten...
Und wie kommt es in den Genuß?
Indem es dieses Buch liest, diesen Film anschaut! Anders führt kein Weg an das gewünschte Ziel.

Und warum soll das jemand glauben?

Ja warum eigentlich? Gar nichts spricht dafür als die Geschichte selbst, die erzählt werden soll. Und um sie zu erzählen, brauchen wir das Publikum. Sein Interesse. Seine Bereitschaft, uns zuzuhören. Wir setzen beides voraus, indem wir seinen Anlaß erst zu schaffen beabsichtigen. Wir brauchen es von Anfang an, obwohl wir im nachhinein erst rechtfertigen können, daß wir es beanspruchen. Das gleicht der Quadratur des Kreises. Aber einfacher ist es nicht.

Dies ist ein Planspiel. Wir sehen hier davon ab, daß es für uns, die wir in einer durch Werbung und Medien geprägten Kultur Autoren sind, Werbung und Medien braucht, um Menschen so weit zu bringen, daß sie ein Buch kaufen, ins Kino gehen, einen Kanal einstellen. Solange wir schreiben, setzen wir den Moment, in dem jemand die erste Seite aufschlägt, sich im Sessel zurechtsetzt, im Kino das Licht ausgeht..., als schon geschehen voraus. Als Autoren arbeiten wir an dem Projekt, jetzt auszuschließen, daß irgend jemand noch aufsteht und etwas anderes tut, als bis zum Ende zu bleiben. Wir sehen es auch nicht gern, wenn zuviel Popcorn gegessen und Bier getrunken wird, während wir einen unvergleichlich größeren Genuß bieten.

Denn es ist ja nicht der erlebte Genuß, der am meisten reizt, nicht die Ankunft am Ziel, sondern der Weg dorthin. Und was ist eine Geschichte anderes als der Weg zu ihrem Ende hin?

Sie sind von Beruf Cicerone, Fremdenführer, wenn Sie Autor sind.

Sie leiten Ihr Publikum vom Anfang Ihrer Geschichte zu Ihrem Endpunkt hin. Es ist ein Endpunkt, den nur Sie selbst kennen, niemand sonst. Niemand: das heißt, nicht Ihr Publikum und auch nicht die Figuren, von denen Ihre Geschichte handelt. Ohne Sie wird niemand am Ziel der Reise ankommen. Sie allein sind im Besitz der geheimen Karte eines schwierigen, unerforschten Terrains, das Ihre Geschichte ist.

Die Karte ist der Plot. Auf ihr sind Höhen und Tiefen verzeichnet, unwegsame Sümpfe, schiffbare Flußläufe, gefährliche Dschungel, Wüsten, Steilküsten... Sie gleicht den Karten, auf denen die Stelle markiert ist, wo Schätze vergraben sind. Wer sie besitzt, hat den Schlüssel zum glücklichen und erfolgreichen Abschluß der Reise.

Der Weg vom Anfangs- zum Endpunkt, einer der möglichen, ist die »Plotline«, die Sie mit Hilfe der Karte finden werden. Der Endpunkt ist die Stelle, wo der Schatz vergraben ist.

Doch auf der Fahrt dorthin gibt es Gefahren und Fallen jeder Art: feindlichen Hinterhalt, Naturkatastrophen, Meuterei, Liebeshändel... Ein ums andere Mal droht die Expedition zu scheitern.

Dann kommt es darauf an, daß die Gier nach dem Schatz stark genug ist, um als Antrieb zu dienen. Er muß von Gold sein. Eine echte Versuchung. Ein Ort von großer Magie, den man, koste es, was es wolle, erreichen will: Das ist der Schluß der Geschichte.

Warum zieht er uns so an?

Was erwarten wir?

Warum blättern wir heimlich zur letzten Seite vor? Warum gehen wir fast nie vor dem Filmende?

Von welcher Art ist der Schatz, den wir dort finden?

Es ist die Fabel.

Sie existiert nur im Kopf des Lesers und Zuschauers. Und sie ist erst ganz, wenn der Plot ganz ist. Von seinem Ende her erschließt die Fabel sich.

»The viewer« (i.e. the reader) »builds the fabula.« (David Bordwell, Narration in the Fiction Film, London 1985, S. 49)

Der Plot hilft ihm dabei. Der Plot ist gegeben. Was wir aus ihm herauslesen, ist die Fabel, die »eigentliche« Geschichte, die es nicht gibt – außer im Kopf des Publikums. Man muß das ganze Terrain des Plots kennen, um die Fabel darin zu erkennen. Es gibt nur Hinweise. Die Fabel gehört dem, der sie gefunden hat. Vor ihr sind Autor wie Leser gleich. Es gibt keine korrekte Auslegung der Fabel, keine kanonisierte Form. Wohl aber eine korrekte Handhabung des Plots.

Der PLOT ist die »Landkarte« einer Geschichte, auf der verzeichnet ist, was in ihr vorkommt und in welcher Relation es zueinander steht.

Die PLOTLINE ist der Weg, der von ihrem Anfang zum Ende führt. Er orientiert sich an den Gegebenheiten des Plots.
Die FABEL ist der Schatz, der mit Hilfe des Plots am Ende der Plotline gefunden werden kann.

Die rudimentäre Gestalt eines Plots ist ein Brettspiel wie »Mensch ärgere dich nicht« (oder »Schatzsuche«). Die Plotline ist dem Spielfeld, einem fiktiven Terrain, schon eingezeichnet. Ein Vorrücken auf ihr ergibt sich durch Würfeln. Hindernissen auf dem Weg muß durch Zurückweichen begegnet werden. Überraschende Schübe beschleunigen das Tempo, mit dem man sich dem Ziel nähert. Spannung entsteht, weil das Ziel kein beliebiger Endpunkt ist, sondern für einen der Spieler das Glück des Siegens verheißt.
Diese Spiele sind ihrem Wesen nach episch. Andere, darunter Schach, sind von dramatischer Struktur.
Die Verwandtschaft zwischen Epik und Dramatik leitet sich auch aus dem Spielcharakter her. Etwas von ihm besteht noch in der Erzählung wie im Bühnenstück weiter. Es betrifft die jedem Spiel eigene Setzung von Rahmenvereinbarungen, die den Sinn von Konventionen erhalten, das heißt von durch Übereinkunft getroffenen Entscheidungen, die, hat das Spiel erst begonnen, nicht mehr in Frage gestellt werden.
Solche »Spielregeln« beinhalten für das Erzählen:
– Die Fiktionalität.
Ihr liegt die Vereinbarung »Wir tun so als ob« zugrunde. Wer im Verlauf einer Erzählung: »Aber das stimmt ja alles nicht!« ruft, verstößt gegen eine Spielregel und scheidet aus.
– Die Abgeschlossenheit des Plots.
Jede Karte kann nur ein begrenztes Terrain abbilden. Eine Erzählung handelt von nichts außer dem, wovon sie erzählt. Was außerhalb dessen liegt, wird nicht als nichtexistent erklärt, nur kommt es in diesem Buch, in diesem Film nicht vor. Wer im Verlauf einer Erzählung, die auf dem Mars spielt, ruft: »Aber ich hätte gern etwas über den Mond gelesen!« verstößt gegen eine Spielregel und scheidet aus. (Das betrifft einen Großteil der Literaturkritiker. Wir müssen uns hier leider von ihnen verabschie-

den...) Auch »offene« Erzählformen sind, was den Plot anbelangt, insofern abgeschlossen, als sie aus dem unabgeschlossenen Kontinuum von Raum und Zeit ein Stück herausgreifen, das von einem Anfang her kommt und auf ein Ende hin angelegt ist. Was sich im Bewußtsein des Publikums »abspielt«, ist ebenso Teil der Geschichte wie das in Worten und Bildern Abgebildete.

– Die Kohärenz des Plots.

Sie begründet seine Verläßlichkeit für das Publikum. Es muß sicher sein, daß alles, was ihm erzählt wird, Teil dieser einen Geschichte ist, und sei es noch so überraschend, noch so rätselhaft. Die Hypothese, daß es – auf noch so seltsame Weise, aber schließlich doch – münden wird in den Fluß dieser Erzählung, muß in Geltung stehen. Wer sich auf ein Spiel eingelassen hat und auf einmal merkt, daß etwas anderes gespielt wird, schmeißt zu Recht seine Karten hin und steigt aus.

Sich plötzlich in einer anderen Geschichte zu finden, als die es war, die begonnen hat: Wer seinem Publikum das zumutet, verstößt gegen eine Spielregel und scheidet aus. (Eine Reihe von Buch- und Filmautoren, unter ihnen der Wim Wenders von »Bis ans Ende der Welt«, verlassen uns hier...)

All diese Vereinbarungen beruhen auf dem Spielcharakter des Erzählens und leiten sich davon ab.

Trotzdem ist eine Geschichte zu erzählen, ein anderes Spiel. Denn es geht nicht darum, daß ein Gewinner ermittelt wird. Am Ende winkt kein Sieg, sondern ein Gewinn anderer Art. Man muß auch nicht darum kämpfen, wenn man ihn erhalten will. Er wird einem geschenkt.

Und was ist das für ein Geschenk, das so sehr begehrt wird, daß ein stets lustloses Publikum, mit dem wir es bekanntlich zu tun haben, sich trotz aller Beschwerlichkeiten der langwierigen Reise mit uns auf den Weg durch die Geschichte macht? Was müssen wir ihm in Aussicht stellen, damit es mitspielt, wo es doch keine Trophäe, kein Geld, keinen Ruhm zu gewinnen gibt? Wissen? Erkenntnis?

Die wenigsten gehen freiwillig in die Schule.

Prestigegewinn?

Kaum. Fernsehen tut jeder. Im Kino ist es dunkel. Und das Prestige des Lesens scheint nicht unumstritten in letzter Zeit.

Sex und Liebesglück?

Ein Surrogat davon kann sich, wir wissen es, via Buch oder Film einstellen. Doch damit hätten wir nur einen begrenzten Sektor der literarischen und filmischen Produktion erfaßt.

Was also bleibt für uns? Was können wir versprechen, wenn Geld, Ruhm, Prestige, Glück... zu verschaffen nicht in unserer Macht steht?

Denn mächtig sind wir nicht. Wenn wir das wären, wären wir ja nicht David, der auf der Leier, sondern Goliath, der mit den Muskeln spielt. So aber brauchen wir List, um uns zu behaupten.

Unsere List besteht darin, daß wir den Mangel erst schaffen, dessen Aufhebung unsere Geschichte verspricht. Das große Glück beim Lesen einer Erzählung besteht in der Befreiung von einem Schmerz, der durch die Story selbst indiziert ist. Das gleiche gilt für das Anschauen eines Films.

Ist der Schmerz nur heftig, der von ihm betroffene Nerv nur empfindlich genug, gehorcht die in Aussicht gestellte Linderung schon dem Lustprinzip.

So sieht der Lohn des Lesens aus.

Dafür bezahlen wir Eintritt, wenn wir ins Kino gehen. Denn was ist Spannung/Suspense anderes als ein Synonym für Schmerz? Er entsteht dadurch, daß ein Bedürfnis geweckt wird, dessen Befriedigung (vorläufig) versagt bleibt.

Nehmen wir das Thema »Liebe«: Die meisten Stories im Film oder zwischen Buchdeckeln lassen – unabhängig von ihrem intellektuellen oder ästhetischen Niveau – ein stets latentes Bedürfnis nach erotischer Erfüllung beim Publikum aufkeimen. Andeutungen genügen, um die Vermutung zu aktivieren (die sogleich in Gestalt der unvernünftigsten Hoffnung auftritt), daß es zu einer Vereinigung kommen wird, bei der wir schließlich als Leser oder Zuschauer nicht ausgeschlossen sind – Voyeure wie stets, wenn wir Fiction lesen. Was sonst als Zuschauen ist das Geschäft des Publikums?

Und wann ist es soweit? Jetzt? Oder bald?

Mitnichten. Auf einmal sind wir weiter denn je davon entfernt. Die beiden geraten einander, sie geraten dem Publikum aus dem Blick.

Hat es sich denn geirrt? Kann dieses erste Wittern einer Möglichkeit, kann dieses widervernünftige Hoffen überhaupt irren?

Vor allem läßt es sich nicht so leicht entmutigen. Geduldig kämpft es sich seitenlang durch Passagen, aus denen es keinerlei Bestätigung ziehen kann. Schon haben wir begonnen, blitzschnell und wie nebenbei alles daraufhin auszuwerten, ob es der Hoffnung als Nahrung dienen kann. Und siehe da: Plötzlich haben wir – saftig und knackfrisch – einen Bissen zwischen den Zähnen.

Doch kurz darauf weiß man nicht mehr: Hat man geträumt, oder ist da jemand, der einen zum Narren halten will? Alles scheint aussichtslos: Die beiden weilen auf verschiedenen Kontinenten, und jetzt hat sich einer von ihnen auch noch anderweitig engagiert... (»Vier Hochzeiten und ein Todesfall«, Mike Newell, GB 1994)

Trotzdem, statt abzunehmen, wächst das Hoffen noch. Ein eigenwilliger Schmerz, der nicht mehr ignoriert werden kann. Je weiter weg die Erfüllung, desto näher am Herzen des Zuschauers ist er lokalisiert. Selbst wenn man ihm jetzt das Hoffen nähme, die Aussicht auf Erfüllung, bliebe der Schmerz. Und wenigstens will er immer wieder neue Anlässe haben...

Was ist mit dem Zuschauer, mit dem Leser los?

Er ist jetzt abhängig. Durch kontrollierten Entzug haben wir seine Gier nach dem »Stoff« entfacht. Wir haben ihn soweit! Er ist jetzt nicht mehr frei, einfach aufzuhören.

Es geht ihm schlecht? Um so besser! Um so sicherer gehört er uns.

Sollen wir ihn erlösen?

Nicht so rasch. Zunächst wird er mit verschärftem Entzug bestraft. Seine einzige Hoffnung besteht darin, bis zum Ende zuzuhören...

Es handelt sich um ein Sado/Maso-Phänomen. Wie könnte es

sonst geschehen, daß man sich freiwillig solcher Qual aussetzt?

Wie der Masochist nicht eigentlich den Schmerz liebt, sondern die in ihm beschlossene Möglichkeit einer Erlösung von ihm, so lieben Leser und Kinogänger die Spannung, die ihnen durch eine Erzählung verordnet wird. Sie setzen sich einer Qual aus, von der erlöst zu werden, allein schon die Lektüre, das Anschauen des Films wert ist.

Autoren dürfen nicht rücksichtsvoll sein. Wenn sie ihr Publikum schonen, haben sie schon verloren.

Als Autor sind Sie Sadist. Ersparen Sie den Lesern nichts! Machen Sie sie mit einem jungen Mann bekannt, der aus gutem Hause ist, intelligent und danach trachtend, aus seinen vielfältigen Anlagen das Beste zu machen – Ihr Publikum wird auf ihn mit unverhohlenem Desinteresse reagieren. Aber lassen Sie ihn in rascher Folge verarmen, indem sein Vater stirbt, dann seinen Job verlieren, krank werden und plötzlich merken, daß seine einzige Schwester, die er liebt, sich mit einem unsympathischen, älteren, ungeliebten, aber reichen Mann verheiraten will, um dem Bruder sein weiteres Studium zu ermöglichen. Dann lassen Sie ihn aus Stolz diese Heirat, die einzige Option der Schwester auf ein sorgenfreies Leben, vereiteln und immer tiefer in den Konflikt zwischen sich und seiner sozialen Umwelt stürzen, vereinsamen bis zum Realitätsverlust und, wenn er so weit ist, im Wahn eine Pfandleiherin ermorden. Das alles ist noch lange nicht genug. Er mordet auch noch die Schwester der Pfandleiherin, die ihm in die Quere kommt. Jetzt bieten Sie alle widrigen Umstände auf, um ihn beinah in der Falle der Mordwohnung erwischt werden zu lassen. Lassen Sie ihn den Kopf verlieren, wenn es an der Wohnungstür klingelt. Mobilisieren Sie die Bewohner des Mietshauses, in dem Sie Ihre Hauptperson mit dem Leser im obersten Stockwerk eingesperrt halten. Reduzieren Sie die Hoffnung, daß noch ein Entkommen möglich ist, auf ein Minimum. Dann lassen Sie sie, den Mörder wie den Leser, in einem Delirium aus Wahnsinn, Angst, Verzweiflung, das jenseits dessen liegt, was sie sich beide vorstellen konnten, mit mehr Glück

als Verstand – denn den haben sie beide lange schon eingebüßt –
über das Treppenhaus entkommen:
Die Leser danken es Ihnen. Sie wollen mehr davon. Sie können
gar nicht genug von dieser Art Folter haben.

Die Erlösung am Schluß ist nicht unbedingt die Erlösung des
Protagonisten aus seiner Not. Er kann zugrunde gehen, von seiner Liebsten getrennt, in die Verbannung geschickt oder in eine
gänzlich ungewisse Zukunft, die außerhalb des »Spielfeldes«
liegt, entlassen werden.
Es ist die Erlösung des Lesers, des Zuschauers aus seiner Not.
Ausgestanden ist sie, wenn die Geschichte an ihr Ende gekommen ist. Und wie immer dieses Ende ist, überraschend oder vor-
aussehbar, unhappy oder happy, sanft ausklingend oder ein Pau-
kenschlag – kein Leser, kein Zuschauer, sofern er sich auf die
Geschichte bis zum Schluß eingelassen hat, läßt sich jetzt noch
täuschen. Das Publikum weiß genau, auch bei »offenen« Schlüs-
sen, ob dies das Ende ist oder ob man es hier irgendwo im Nebel
sich selbst überläßt und sich als Autor klammheimlich davon-
macht.
Der »Showdown« am Ende geht auch auf die Verwandtschaft
mit dem Spiel zurück: Es ist der Moment, in dem die Karten auf
den Tisch gelegt werden. Jetzt gilt kein Mogeln mehr. Wer diesen
Augenblick scheut, hat schon die ganze Zeit falsch gespielt und
wird jetzt Ärger mit seinen Mitspielern kriegen.

Und wann ist das Spiel zu Ende?
Woher weiß man es, wann es soweit ist?
Der einzige naturgegebene Stillstand einer Geschichte ist schließlich der Tod ihrer Hauptfigur. Aber wie lautet der klassische
Schluß im Märchen? »Wenn sie nicht gestorben sind, so leben sie
noch heute…« Ein prinzipiell »offener Schluß«. Ein Schluß, der
ganz nebenbei den Unterschied zwischen Fiction und Welt, zwischen Kunst und Leben ins Bewußtsein hebt: Jenseits dessen,
was wir hier erzählt haben, sagt dieser Schluß, geht es weiter, da
beginnt das offene, das unüberschaubare Leben. In diesem Sinne
ist jeder Schluß offen.

»Das könnte Thema für eine neue Erzählung sein – doch unsere Erzählung ist hier zu Ende«, schreibt Dostojewski am Schluß von »Schuld und Sühne«. »Aber das ist eine andere Geschichte« – die klassische Formel, mit der die alten Erzähler ihre Zuhörer entließen. Die Geschichte endet da, wo eine neue Geschichte beginnt. Raskolnikov hat sein Verbrechen gestanden, er nimmt sein Urteil entgegen und tritt seine Strafe an. Die Liebe von Sonja, die ihm nach Sibirien gefolgt ist, wird ihn erlösen... »Doch hier beginnt schon eine neue Geschichte – die Geschichte der allmählichen Erneuerung eines Menschen...« Wie im kommerziellen Kino läßt Dostojewski sich hier die Option für Rodion Raskolnikov Teil II offen. Aber für diesmal könnt ihr nach Hause gehen, sagt er, »Schuld und Sühne« ist aus...

Es war die Geschichte eines Verbrechens und der Strafe, die ihm folgt. Jetzt würde die Geschichte von Raskolnikovs »Wiedergeburt, ...seiner Bekanntschaft mit einer neuen, ihm bisher völlig unbekannten Wirklichkeit« folgen.

Ein anderes Thema, eine andere Geschichte.

Es ist der thematische Bezug, der Anfang und Ende eines narrativen Zusammenhangs konstituiert.

Die Geschichte der Entlarvung eines Mörders endet, wenn der Mörder entlarvt ist (oder wenn keinerlei Aussicht mehr darauf besteht). Eine Liebesgeschichte endet da, wo eine andere Geschichte beginnt, die mit den beiden, um die es geht, nichts mehr zu tun hat. Natürlich kann auch die Wahl eines Präsidenten oder ein Unfall im Kernkraftwerk mit ihnen zu tun haben, und dazu muß weder unbedingt der Präsidentschaftskandidat mit dem Lover identisch sein noch der zur Selbstaufopferung bereite Kommandeur der Rettungsmannschaften. Es genügt schon, wenn ein Zusammentreffen der beiden, um die es geht, durch Straßensperrungen vereitelt wird, die entweder mit dem Löschzug oder einer Demonstration für den Wahlsieg des Präsidentschaftskandidaten zu tun haben.

Ist der narrative Zusammenhang einer Lovestory konstituiert, hat er, ganz wie im Leben, die Eigenschaft, was auch geschieht in seinen Bann zu ziehen. So wie es Verliebten erscheint, daß alles plötzlich in geheimer Wechselwirkung steht, wie sie die entlegensten Dinge als Vorzeichen nehmen und alles, was sie tun, in den Dienst ihrer Liebe stellen, so als gäbe es nichts, was ohne Bedeutung dafür sei, und was ohne Bedeutung dafür wäre, existiere nicht – so tendiert jede Geschichte dahin, sich alles einzuverleiben, was mit ihr in Berührung steht. Sie zwingt es in ihren Bann und ordnet es ihren Zwecken unter.

Unter dem Dach einer Geschichte hat deshalb vieles Platz. Erzähler sind großzügig. Alles gilt ihnen gleich. Das Schicksal einer Fliege, einer Ameise kümmert sie, wenn es ihrer Geschichte frommt, ebenso wie das des Präsidentschaftskandidaten, ob er nun die Wahl gewinnt oder nicht. Denn Gewinner wie Verlierer sind hinsichtlich ihres Ranges für eine Geschichte völlig gleichwertig, wie die guten und bösen, schwarzen und weißen, armen und reichen Menschen.

Das narrative Prinzip wirkt immer subversiv, was Machtverhältnisse anbelangt. Anders als im Leben wird in diesem Spiel das Interesse nicht gelenkt, indem es der Spur der Sieger und Mächtigen folgt, sondern einer anderen, sonst verborgenen Spur: Es will wissen, wie etwas ausgeht. Wohin es führt. Nicht eine Wahl. Nicht ein Fußballspiel oder ein Tennismatch. Sondern was? Eine Tat. Ein Umstand. Eine Entscheidung…

Was geschieht, wenn ein junger Mann, intelligent, ehrgeizig, aber mittellos, alle moralischen Grundsätze über Bord wirft und einen Mord begeht, um sich das Geld zu beschaffen, das er für seine Karriere braucht? Ist er Napoleon, durch die Bereitschaft zum souveränen Überschreiten vorhandener Grenzen zum Sieger qualifiziert, ein Ausnahmemensch, oder ist er ein ganz gewöhnlicher Verbrecher? Wohin, zu welchem Ende, führt ihn das?

Welchen Weg nimmt das Schicksal, die Liebe, die Angst, die Freundschaft, das Gewissen unter diesen Umständen?

Kann ihm, dem Mörder, geholfen werden?

Ist er verloren?

Was geschieht, wenn seine Mutter, wenn seine Schwester erfahren, was er getan hat? Von welcher Art ist der Schmerz beim Anblick ihrer Ahnungslosigkeit?

In jedem Leser ist auch ein Stück von Raskolnikov, der sich Maß und Grenze nicht vorschreiben läßt, der die äußerste Konsequenz nicht scheut, der es wissen will…

Auch das Publikum will es wissen! Deshalb läßt es sich auf den Plot einer Geschichte ein. Es will den Zusammenhang sehen, das Ganze umfassen. Sonst nur Teilnehmer am eigenen Leben, ohne Überblick, wie er dem Hauptakteur der jeweils eigenen Geschichte versagt bleiben muß, will die Leserin, der Zuschauer im Kino einen Blick hinter den Vorhang tun, der den Zusammenhang zwischen Anfang und Ende verbirgt, zwischen Gedanke und Tat, zwischen Schuld und Sühne, Jungsein und Altsein, Mühe und Erfolg, Liebe und Trennung und Wiederzusammensein, zwischen Arm- und Reichsein, Abhängigkeit und Macht, Gesund- und Kranksein und Wiedergesundwerden… Es will erkennen, wohin das alles führt.

Am Ende einer Geschichte will es sich im Vorgriff auf das eigene Ende, das möglicherweise nichts dergleichen erlaubt, umschauen und sagen können: Das war es also. Was ich gedacht, gefühlt, vermutet habe, kann ich jetzt SEHEN. *Es ist wahr!*

Es gibt einen Zauber der Evidenz. Die »Wahrheit« einer Geschichte ist nicht beweisbar und nicht nachweisbar. Kein Denkgebäude stützt sie und wird durch sie gestützt. Weltanschauungen, Religionen können auf sie nicht bauen und tragen ihrerseits nichts zu ihr bei. Die Wahrheit einer Geschichte ist ihre Glaubwürdigkeit.

Sie beruft sich auf einen einzigen Zeugen: Sie.

Als Erzähler Ihrer Geschichte sind Sie immer ein Mitgefangener / Mitgehangener. Eine Art Kronzeugenregelung ist in Kraft. Wenn Sie davonkommen, dann nur, weil Sie der einzige sind, der die Geschichte bis zu Ende erzählen kann. Notgedrungen gehört Ihnen das Vertrauen des Publikums. Enttäuschen Sie es nicht! Und glauben Sie nicht, daß Sie davonkommen, ohne die ganze Wahrheit gesagt zu haben! Finten kommen ans Licht. Ausflüchte werden bemerkt. Sollten Sie sich in Widersprüche verwickeln – man wird sie aufdecken.

Sie sind in Ihrer Geschichte immer anwesend. Über lange Zeit versteckt, zwischen Bildern und Zeilen, in der Maske mal dieser, mal jener handelnden Person, entkommen Sie Ihren Lesern, dem Publikum niemals. In allem, was es sieht und liest, ist es auch Ihnen persönlich auf der Spur. Und irgendwann, hinter diesem Satz, jener Wendung Ihrer Geschichte, stellt es Sie plötzlich. Irgendwann werden Sie *face en face* mit ihm sein. (Und wenn das nicht geschieht, ist es nichts gewesen.) Jede gute Geschichte enthält die Möglichkeit dazu.

Und auf diese Begegnung müssen Sie vorbereitet sein. Sie müssen Ihren Lesern, den Zuschauern unter die Augen treten können. Nicht leibhaftig, aber in Ihrer Geschichte. Und da müssen Sie dann für ihre Glaubwürdigkeit zeugen können.

Die Wahrheit, das heißt: die »Wahrhaftigkeit« der Fabel und die Plausibilität des Plots.

Beides begründet die Glaubwürdigkeit der Geschichte. Für beides stehen Sie als Autor ein.

Auch ein Publikum, das nichts anderes als Unterhaltung will, hat einen Anspruch auf »Wahrheit« dessen, was es liest oder sieht – selbst wenn die Wahrheit nicht neu ist, die es erfährt, wie die vom Fluch der bösen Tat oder von der Erlösung durch Liebe. Denn das Vertrauen des Lesers, der Zuschauerin ist grenzenlos. Mit unbeirrbarer Treue hält sie bis zum Ende durch. Sie baut fest darauf, daß ihr die Wahrheit der Geschichte, der sie sich aussetzt – was, wie wir wissen, nicht selten qualvoll und schmerzhaft ist –, nicht vorenthalten wird. In jedem Augenblick sagt sie sich: Warte nur ab, wie es weitergeht. Sie widersteht der Verwirrung, der sie sich auf dem Weg durch die Handlung immer wieder ausgesetzt sieht, sie verkraftet sämtliche Rückschläge, die die Hauptfigur erleidet, sie läßt sich enttäuschen, nimmt Risiken auf sich, widersetzt sich dem Sog der Hoffnungslosigkeit, indem sie auf das Ende der Geschichte baut.

Man darf sie nicht enttäuschen.

Als Autor arbeiten Sie immer unter dem Blick des Publikums, auch wenn Sie bei Erscheinen des Buchs, der Ausstrahlung des Films längst wieder an etwas Neuem arbeiten. Es ist ein Blick, der viel weniger kritisch, viel weniger kühl abschätzend ist, als Sie glauben. Im Gegenteil. Voller Vertrauen und kindlicher Erwartung ist der Blick des Publikums. Und dies Vertrauen und diese Erwartung richten sich auf den Schluß der Geschichte, an der Sie arbeiten.

Die Spannung einer Geschichte ist immer Spannung auf ihr Ende hin. Sie gründet in der Erwartung, daß dort – nicht alle Fragen beantwortet, alle Probleme gelöst sind – aber ein neues Spiel beginnen kann, weil dieses zu Ende gespielt ist. Wenn Dostojewski sagt: »Hier beginnt schon eine neue Geschichte« – dann ist es endlich erlaubt, nach siebenhundert Seiten zurückzusehen und sich zu sagen: Das war es also. Und was immer ich daraus entnehmen kann – möglicherweise nichts als ein Kapitel Sozialgeschichte aus dem vorrevolutionären Rußland, das seinerseits sehr sorgfältig zu überprüfen ist, bevor ich es meinem historischen Gedächtnis überantworte – ich bin WAHRHAFT unterhalten worden, und dies ist WAHRHAFT das Ende davon. Mir wird jetzt endlich erlaubt, mich wieder anderem zuzuwenden. Und das ist auch nötig nach all der vertanen (verlesenen) Zeit.

Fiction schreiben und lesen, Filme machen und anschauen – beides ist zutiefst konspirativ und subversiv, sofern es das Etablieren und Entziffern eines Plots anbelangt. Es ist zeitraubend. Wer sich ihm verschreibt, ist bis zum Ende für jede nützliche und soziale Tätigkeit verloren.

Das ist das Projekt, an dem wir arbeiten: Lauter rechtschaffene Menschen davon abzuhalten, sich nützlich zu machen, indem man sie dazu verführt, eine Geschichte zu Ende zu lesen, einen Film anzusehen, weil es eher keine Erlösung von der Frage gibt, wie es weitergeht.

Kann man mit einer Erzählung beginnen, deren Ende man noch nicht kennt?

Nein. Kein Bergsteiger wagt sich ohne genaue Kenntnis des Terrains in die Wand.

Wenn Autoren Ihnen versichern, daß das Schreiben für sie ein Abenteuer sei, von dessen Ausgang sie sich immer wieder überraschen lassen, bleiben Sie mißtrauisch! Es IST ein Abenteuer, voller Überraschungen. Aber man braucht dazu (wie für jedes wahre Abenteuer) ein hohes Maß an Beherrschung von Überlebenstechniken, die auf der genauen Kenntnis des Zielgebiets beruhen. Abenteuer wollen geplant und sehr gut vorbereitet sein.

Allerdings werden Sie unterwegs immer wieder erleben, daß Sie von einer Route, die Sie geplant haben, abweichen müssen und unter dem Einfluß von Faktoren, die sich nicht vorausberechnen ließen, möglicherweise sogar ein anderes Ziel ansteuern. Jeder Prozeß, in dessen Verlauf etwas entsteht, gehorcht dem Gesetz der Beeinflussung des Ganzen durch das Detail und des Details durch das Ganze. Für kreative Prozesse gilt das insbesondere. Immer wieder wird es sich als notwendig erweisen, das Detail an der Gesamtkonzeption zu messen und die Gesamtkonzeption am Detail und beides aufeinander abzustimmen, so daß sich ein fortwährendes Revidieren und Re-revidieren ergibt.

So können Sie als Autor eine Spannung erleben, die der des Suspense beim Lesen einer Erzählung analog ist und an subtilem Genuß in nichts nachsteht. Der Spannungszustand beim Schreiben dauert so lange an, bis Sie den letzten Satz geschrieben haben und wissen, daß es der richtige ist. Die Befriedigung, die Autoren dann erleben, ist grenzenlos und gehört nach dem Zeugnis vieler der bedeutendsten unter ihnen zum Schönsten, was dieser Beruf zu bieten hat. Sie ist weit größer als die über einen sich möglicherweise später einstellenden Erfolg des Buchs.

DAS ist das Abenteuer des Schreibens. Mit planlosem Sichtreibenlassen und Malsehenwasdabeirauskommt hat das nichts zu tun.

Auch ein alternativer Schluß wie der des Romans »Die Geliebte des französischen Lieutenants« von John Fowles (The French Lieutenant's Woman, London 1969) ist nicht das Ergebnis von Unentschiedenheit. Beide Schlüsse sind exakt durch die Erzählung der Geschichte von Charles, dem viktorianischen Gentleman, und Sarah, der unabhängigen jungen Frau mit dem schlechten Ruf, vorbereitet. Eine leidenschaftliche, unviktorianische Liebe führt sie zusammen. Eine kalte, prüde Gesellschaft trennt sie voneinander. Als sie sich schließlich wiederfinden, gibt es diese beiden Möglichkeiten:

Sie bleiben für immer zusammen. Oder sie trennen sich für immer.

Das ist ganz einfach und ganz wahr, plausibel hinsichtlich des Plots und wahrhaftig hinsichtlich der Fabel, die darin steckt. Und so hört das Buch auf, indem es erst den einen und dann den anderen Schluß ausführt. Und Sie dürfen nicht denken, sagt John Fowles, der seine Leser sehr ernst nimmt und vernünftig mit ihnen spricht, während er ihnen die Geschichte einer überaus unvernünftigen, wilden Leidenschaft erzählt, »daß dieser Schluß ihrer Geschichte weniger plausibel ist als der vorige«.

Harold Pinter, der Drehbuchautor der Filmadaption von Karel Reisz (GB 1981) mit Meryl Streep und Jeremy Irons in den Hauptrollen, hat sogar eine überzeugende filmische Version dieses alternativen Schlusses gefunden! Beide, Roman und Film, sind Meisterstücke der Handhabung eines Plots von großer Komplexität und bestechender Einfachheit:
Einfach die Liebesgeschichte nach dem Muster getrennter Königskinder. Komplex die Einbettung in genauestens analysierte gesellschaftliche Verhältnisse.
Im Film ist diese analytische Ebene in Handlung zurückgeführt, indem die Liebesgeschichte aus viktorianischer Zeit sich in einer zeitgenössischen Beziehungsgeschichte spiegelt, welche die der beiden Schauspieler ist, die in einem Film im Film Sarah und Charles spielen. Während sie sich nach Abschluß der Dreharbeiten für immer trennen, endet das viktorianische Liebesmelodram mit einem Happy-End. Eines der interessantesten Beispiele filmischer Adaption eines Romans, was die Handlungsführung anbelangt.
Beide Autoren, Pinter und Fowles, sprechen mit einer im deutschen Sprachraum beispiellosen Selbstverständlichkeit gleichzeitig Intellekt und Emotionalität beim Publikum an. Sie verlangen den kühlen zeitkritischen Blick und befriedigen das unvernünftige Verlangen nach Liebesglück für das getrennte Paar. Beides gehört zu dem Spiel, das sie mit dem Publikum spielen. Und beides wird jeweils durch eine der Schlußvarianten eingelöst: zwei Wahrheiten, die unabhängig voneinander existieren und die Unvereinbarkeit gesellschaftlicher Gegensätze spiegeln.

Das Ende einer Geschichte muß wie das Ziel einer Reise an ihrem Anfang stehen.

Ihren Anfang zu schreiben ist merkwürdig leicht und immer wunderbar. Wie ein Aufbruch ins Gebirge an einem Sommertag, frühmorgens, wenn noch der Tau auf den Wiesen liegt und die Silhouetten der Berge in Dunst gehüllt sind. Dann aber, mit steigender Sonne, beginnen die Mühen des Aufstiegs. Der Staub, die Hitze, der Schweiß. Die Steigung ist doch erheblicher, als man gedacht hat. Und nicht jeder kommt auf dem Gipfel an…

Schöne Anfänge zu schreiben ist leider keine Kunst. Sie werden einem im Traum gegeben. Jeder Autor hat schon unzählige schöne Anfänge geschrieben. Wunderbare Anfänge, die den lange gesuchten Ton mühelos anschlugen, vibrierend von einer Spannung, die vorausfühlen ließ, was ihnen unfehlbar folgen mußte. Und dann kam nichts mehr.

Einen Ton anzuschlagen ist nicht schwer. Ihn durchzuhalten schon schwieriger. Eine Erzählung zu beginnen, indem man einen Ton anschlägt, der so gestimmt ist, daß sie darin bis an ihr Ende erzählt werden und ausklingen kann, ist eine ganz andere Sache. Hier fangen Mühe und Arbeit an.

Die schwere Arbeit des Schreibens ist nicht, wie ihre Verächter und ihre Bewunderer (beide ahnungslos) glauben möchten, das Drechseln von Sätzen, die Suche nach dem Ausdruck, das Ringen um die Magie der Sprache, die einem Text das Gepräge der Literarizität gibt, die so gern beschworen wird und von der niemand weiß, was eigentlich sie meint. Autoren leisten diesem Glauben, dessen Kult in Feuilletons und Laudationes gehuldigt wird, gern Vorschub, obwohl sie es besser wissen. Es verleiht ihrem Tun, unabhängig davon, ob es ihnen gelingt, ein Publikum in ihren Bann zu ziehen, etwas von kultureller Weihe und Wichtigkeit.

Die schwere Arbeit des Schreibens beginnt aber dort, wo ein größerer Zusammenhang konstituiert wird. Sie beginnt mit der Erkenntnis, daß jeder Text ein System ist, in dem das einzelne Element vom Ganzen und das Ganze vom einzelnen Element abhängt und in dem man kein Detail ändern kann, ohne daß es Konsequenzen für das Ganze hat. Und je länger der Text, desto komplexer das System, desto unabsehbarer die Konsequenzen jedes einzelnen Schritts für das folgende.

In einem narrativen Zusammenhang determiniert jeder Satz, der geschrieben wird, alle folgenden Sätze. Jede Festlegung, die getroffen wird, setzt die Option auf sämtliche Alternativen außer Kraft. Und so führt der Weg in eine Geschichte über die schrittweise Reduktion der Möglichkeiten, die »Zuspitzung der Ereignisse« auf eine einzige Alternative, das heißt also die Überführung des Möglichen ins Notwendige.
Am Anfang einer Erzählung ist die determinative Wucht der Sätze besonders groß. Daher das schöne Pathos, der Zauber von Romananfängen, die Magie der ersten Einstellung eines Films!

»Man nenne mich Ismael…«

»Über dem Atlantik befand sich ein barometrisches Minimum…«

»Wir hatten eine Farm in Afrika…«

»Anfang Juli, an einem ungewöhnlich heißen Tag, verließ ein junger Mann gegen Abend die Kammer, die er in der S.-Gasse in Untermiete bewohnte, trat auf die Straße und ging langsam, gleichsam unentschlossen, in Richtung der K.-Brücke fort…«

»Heute ist Mama gestorben. Vielleicht auch gestern…«

Und der vornehme, dezente, der Klassiker unter den Romananfängen:
»Eduard – so nennen wir einen reichen Baron im besten Mannesalter – Eduard hatte in seiner Baumschule die schönste Stunde eines Aprilnachmittags zugebracht…«

Und der wilde, furiose, der indezenteste:
»Lolita, Licht meines Lebens, Feuer meiner Lenden. Meine Sünde. Meine Seele…«

In den Anfängen hallt immer noch etwas von der Stille nach, aus der sie kommen. Wie beim Anfang aller Anfänge: Am Anfang ist immer das Wort, und davor ist nichts.

Aber schon mit dem ersten Satz ist ein Stück von dem Raum-Zeit-Kontinuum umrissen, das wir die Welt nennen. Mit Heftigkeit werden wir in den Strudel einer Geschichte gezogen. Die Kraft, mit der das geschieht, ist nirgendwo im Text so groß wie in den ersten Sätzen. Sie nimmt sukzessive ab, um am Schluß ganz zur Ruhe zu kommen.

»Es war der 15. Juni 1767...« Jahrhunderte brechen weg, wir sind im achtzehnten. »...als Cosimo Piovasco di Rondò, mein Bruder, zum letzten Mal in unserer Mitte saß...« Kontinente und Länder schrumpfen im Augenblick zu nichts, wir sind in Italien. Und schon hat uns unbemerkt ein Zeitgenosse an die Hand genommen. »...Wir befanden uns im Speisesaal unserer Villa in Ombrosa...« Ah, ein Vertreter der besseren Kreise! Und indem wir uns ihm bereits anvertraut haben, wird seine Gangart schon etwas langsamer: »...die dichten Zweige der großen Steineiche des Parks umrahmten die Fenster. Es war Mittag und unsere Familie saß, altem Herkommen gemäß, zu dieser Stunde bei Tisch...« Noch glaubt man, daß der Blick nur zufällig zum Fenster schweift, aber bald schon begreift man, daß wir eben mit dem eigentlichen Schauplatz der Handlung bekannt gemacht worden sind: den Bäumen im Park, auf denen Cosimo di Rondò den Rest seines Lebens verbringen wird, um sein Gelübde eines beleidigten Kindes zu erfüllen. (Italo Calvino, Il barone rampante, Turin, 1957, dt. Der Baron auf den Bäumen)

»Begin with an image!«
Die Faustregel der Drehbuchautoren gilt für alle Erzähler. Jeder der angeführten Romananfänge enthält eine Art Tableau als Pforte, durch die man in den Bezirk der Erzählung tritt.
Filmanfänge von Scorsese vermitteln die narrative Wucht eines Bildes, das aus der Schwärze der Leinwand kommt und die Präsenz einer bisher nicht gekannten Welt auf einmal und fast schockartig zumutet.

»Good Fellas« (USA 1990): Im offenen Kofferraum eines Autos liegt eine Leiche, die offensichtlich noch nicht ganz tot genug ist. Drei Männer, die davor stehen, geben ihr den Rest. Dazu die Stimme aus dem Off: »Schon als Kind wollte ich immer Gangster sein…« (Und wir wissen bereits, wohin das führt, bevor noch die Geschichte begonnen hat.)
»Cape Fear« (USA 1991, dt. »Kap der Angst«): Das Spiel der tätowierten Rückenmuskulatur von Robert de Niro…

Calvino beginnt (nur scheinbar zeremoniell) mit dem Bild einer um die Tafel im Speisesaal ihres Landsitzes versammelten adligen Familie vor der Kulisse der alten Bäume im Park. Und er endet mit dem Bild einer Montgolfiere, die die benachbarte Meeresbucht überfliegt und den sterbenden Cosimo mit sich führt – eine Apotheose des alten Dickschädels. Dazwischen liegt eine Lebensgeschichte über dem Erdboden.

Sie wird ganz aus den Prämissen entwickelt, die der Anfang setzt. Es sind die Prämissen, die im Charakter Cosimos gründen und aus den Einflüssen seiner sozialen Umgebung verständlich werden. Seine »übermenschliche Widerspenstigkeit«; das leere Ritual seiner adligen Erziehung; und die alten Steineichen im Park!
Mehr braucht es nicht, um den Plot zu initiieren.
Cosimo ist empört, weil er Schnecken essen soll:
»Nein und nochmals nein!« rief Cosimo und stieß den Teller zurück. Bald danach sahen wir durchs Fenster, wie er die Steineiche hinaufkletterte…
»Sobald du herunterkommst, werde ich's dir schon zeigen.«
»Ich komme nicht mehr herunter.« Und er hielt Wort.

Ende des ersten Kapitels. Ende der Exposition.

Der weit verbreitete Irrtum, daß ein Plot erfunden wird. Nein, er wird entwickelt!
In Analogie zu Wachstumsprozessen im Leben wird er aus den Prämissen entwickelt, die durch den Charakter, sein So-und-

nicht-anders-Sein und die Umstände gesetzt sind, in denen er lebt.

Ist beides gesetzt – erfunden –, braucht es keine Erfindung mehr.

Die Erfindung besteht im Charakter von Cosimo, seiner »übermenschlichen Widerspenstigkeit«, und darin, daß er als Sohn dieser Eltern aufwächst, die Vertreter ihrer Kaste sind und sonst nichts und die auch ihre Kinder zu nichts anderem erziehen wollen, als Vertreter ihrer gesellschaftlichen Rolle zu sein, ohne Rücksicht auf deren Wünsche und Anlagen. Aus diesen einfachen Vorgaben generiert sich die Geschichte.

Es ist die Geschichte des ein für allemal beleidigten Kindes, das wir alle sind. Ihr Kern ist die Phantasie von unserer Rache an denen, die es uns angetan haben, uns zu erziehen, und uns nicht erlaubten, wir selbst zu sein, sondern uns korrupt und angepaßt wollten. Cosimo ist der wilde Tagtraum von der Freiheit, zu verschwinden und nie mehr zurückzukehren, und damit die zu bestrafen, die einen fesseln wollen. Cosimo ist der Traum vom Leben in Kanada, dort, wo es wild und zivilisationsfern genug ist, um die Zivilisation ins Unrecht zu setzen, die uns mehr prägt als unsere Wünsche und Bedürfnisse. Cosimo ist der Traum davon, auszusteigen und den eigenen Untergang zu riskieren, weil es der EIGENE Untergang wäre: der Traum vom Leben auf der Straße, in der Fremdenlegion, auf einer Wetterstation in der Antarktis... Sollen sie uns doch vermissen. Sollen sie doch Angst um uns haben. Es geschähe ihnen recht.

Dieser Traum pflegt nur kurz zu sein. Allzu schnell kommen wir ins Wanken, wenn wir die Folgen bedenken. Wir kommen zu dem Schluß, daß es jemand ganz anderen brauchte als uns, um ihn zu realisieren. Dieser Andere ist Cosimo...

Hier ist die Keimzelle eines Plots: im tagtraumähnlichen Bedenken der Folgen eines Lebensexperiments, das wir uns wegen seiner Radikalität, seiner Unangepaßtheit nicht erlauben. Was wäre, wenn...

– ein Kind aus Trotz auf den Baum steigt und bis zu seinem Tod nie wieder herunterkommt?

– ein Mann immer kleiner und kleiner wird, bis er verschwindet? (Richard Matheson, The Shrinking Man, dt. Die unglaubliche Geschichte des Mr. C)

– ein Mann morgens in seinem Bett aufwacht und merkt, daß er ein Insekt geworden ist? (Kafka, Die Verwandlung; David Cronenberg, Die Fliege...)

– eine Frau merkt, daß sie von einer gläsernen Wand umgeben ist, die sie unüberwindbar von allem anderen trennt? (Marlen Haushofer, Die Wand)

– Mitmenschlichkeit und Zivilisation in den Städten sich nicht mehr regenerieren? (Doris Lessing, Memoiren einer Überlebenden)

– ein Kind sich aus Protest weigert, weiter zu wachsen? (Günter Grass, Die Blechtrommel)

– ein Mensch keinen Eigengeruch, dafür aber selbst einen hypertrophen Geruchssinn hat? (Patrick Süskind, Das Parfum)...

Die Bücher von Stephen King beruhen erkennbar auf diesem Prinzip...

Bestechend einfache Versuchsanordnungen. Sie enthalten den Plot in sich wie ein Keim die Pflanze, die aus ihm wird.

Er entsteht nicht, wie die Verächter des Narrativen in Literatur und Film glauben möchten, wie ein Kartenhaus. Nicht Konstruktion, ein Zusammenbasteln aus Teilen, sondern Dekonstruktion ist das Prinzip. Am Anfang steht ein Ganzes. Ein Existenzentwurf. Aus der Entfaltung der von Anfang an in ihm beschlossenen Möglichkeiten leitet sich Handlung ab.

Ein Plot besteht nicht darin, daß man den Helden auf Abenteuerfahrt schickt, sondern daß der von seiner Existenz eingenommene Raum ausgeleuchtet wird. Er ist ein Raum-Zeit-Kontinuum. Es zeichnet sich dadurch aus, daß Entwicklungen in ihm stattfinden können.

Das kann – wie im Fall von Odysseus und seinesgleichen – durchaus den Charakter von Reiseabenteuern haben. Aber das Leben eines Säulenheiligen ist narrativ ebenso ergiebig und geeignet, einen Plot daraus zu entwickeln.

Ja, ist das nicht sogar ein würdiger Verwandter des Barons auf den Bäumen, ein Säulenheiliger?

Was wäre, wenn... ein Gewitter kommt?... er krank wird?... ein Verbrechen unter seiner Säule geschieht?... sich eine Frau auf einer benachbarten Säule niederläßt und er in Liebe zu ihr entbrennt?...

Ein Säulenheiliger – er würde wie ein Magnet alles, auch das Geringste, was sich um ihn herum begäbe, als Handlungselement an sich ziehen. Jede Maus, die zu Füßen seiner Säule raschelte, würde unfehlbar zum Bestandteil seiner Geschichte. Jeder Windstoß, ein Duft, der ihn zufällig streift, lüde sich mit narrativer Spannung auf. Ja, es könnte auf die Dauer nicht ausbleiben, daß sich die Weltgeschichte mit Bezug auf ihn begibt und sich zufällig da zuträgt, wo er steht: Heerscharen ziehen vorüber... Die Mächtigen seiner Zeit bemühen sich zu ihm... (Auch darin wäre er mit Calvinos Baron auf den Bäumen verwandt: Wen wundert es, daß eines Tages Napoleon zu ihm kommt? Die Zeitgeschichte hat sich ohnehin schon vornehmlich unter den Bäumen ereignet, auf denen Cosimo lebt, und sich ihn zum Brennpunkt ausgesucht: die Französische Revolution und ihre Präliminarien, die Napoleonischen Kriege... Man muß nur weit genug außerhalb der Geschichte leben, um mittendrin zu sein. Kann ein wahrhaft freier Mann etwas anderes sein als das Subjekt der Geschichte, nicht nur seiner eigenen, sondern auch der Historie? Der Besuch Alexanders des Großen bei Diogenes bezeugt das nur allzu klar.)

Wer Fiction schreibt, erfindet. Niemand bestreitet das. Nur: Der Plot ist es nicht, der erfunden ist. Der Plot leitet sich ab aus den Prämissen einer Erzählung.

Ich möchte mich nicht gern in Ihre eigene Arbeit einmischen, aber wenn Sie zufällig gerade mit einem Plot nicht klarkommen, überprüfen Sie vielleicht einfach einmal die Versuchsanordnung:

Ist sie eindeutig genug für das beabsichtigte Lebensexperiment?

Haben Sie eine Säule errichtet?

Und steht ein Heiliger darauf, der verrückt und widerspenstig genug ist, um diese Position zu beziehen?

Ja?

Dann warten Sie doch einfach ab, was vorbeikommt: Sandstürme, Karawanen, verführerische Frauen und andere Versuchungen... Es wird sich als Bestandteil des Plots herausstellen, und wie unter der Einwirkung eines Magneten werden sich die Metallspäne zu Mustern anordnen, die keine andere Bedeutung haben, als von dem Magneten erzeugt zu sein und auf ihn zu verweisen.

Sehen Sie sich Erzählungen an und schärfen Sie Ihren Blick für diese Magnetwirkung! Orten Sie den Magneten in ihnen! Sehen Sie, wie er beschaffen ist, und erkennen Sie seine seltsame Ähnlichkeit mit dem Säulenheiligen Cosimo:

— Kapitän Ahab, der Jäger von Moby Dick, ist, obwohl Befahrer der Meere, ein Säulenheiliger. Sein unbändiger Haß auf den weißen Wal macht ihn dazu. Das Bild für den narrativen Sog, der dadurch erzeugt wird, ist nicht der Magnet, sondern der Strudel, der alles, was in seine Reichweite kommt, mit hinabzieht. Nur der Chronist entkommt, und auch nur, um die Geschichte erzählen zu können.

— Raskolnikov ist erkennbar ein Säulenheiliger. Indem er ein Verbrechen begeht, gelangt er da hinauf. Sogleich entsteht dieser narrative Sog, der alles, was geschieht, in Bezug zu der Geschichte der Sühnung dieses Verbrechens setzt und als ihren Bestandteil erscheinen läßt.

— Weibliche Protagonisten sind oft Säulenheilige wider Willen. Sie werden mit Gewalt hinaufgehoben, nachdem sie auffällig geworden sind, und dann sieht dieselbe Gesellschaft, die das getan hat, mitleidlos zu, wie sie da oben – sehr langsam – zugrunde gehen. Emma Bovary, Anna Karenina, Effi Briest sind solche Heldinnen...

— Humbert-Humbert, der Protagonist von »Lolita«, ist, obwohl alles andere als heilig, ein Säulenheiliger. Die Säule, auf der er steht, ist sein Nymphchenwahn. Das Buch handelt von den scheußlichsten Verbrechen und ist doch eine Liebesgeschichte. Alles, was geschieht, ordnet sich um diese Mitte an.

Der Versuch wird rasch aufgebaut:
Ein Mann ist durch ein pubertäres sexuelles Erlebnis auf seine Leidenschaft für kleine Mädchen fixiert. Fünfundzwanzig Jahre später trifft er in der zwölfjährigen Lolita das Ebenbild seiner frühen kindlichen Geliebten. Er verheiratet sich mit der verwitweten Mutter, um ihr nah zu sein. Die Mutter stirbt bei einem Unfall, was ihn zum sorge- und verfügungsberechtigten Stiefvater von Lolita macht. Ende der Exposition. Der Was-wäre-wenn-Fall ist eingetreten. Ein extremes Lebensexperiment nimmt seinen Lauf...

Wenn eine Versuchsanordnung einmal getroffen ist, werden Sie eher sortieren und aussortieren als erfinden müssen.
Und was ist mit dem plötzlichen Tod von Charlotte Haze, der Mutter von Lolita? Paßt er nicht allzu gut? Kommt er nicht wie bestellt? Ist der große Nabokov hier eigentlich etwas anderes als ein Saucenkoch, der eine Zutat braucht und sie sich einfach aus dem Küchenregal nimmt?
Ist das erlaubt?
»Wäre ich ein Diktator der Romanliteratur, ich würde Zufälle verbieten...« »Dieser Kniff hat etwas Kitschiges und Sentimentales: ...der saubere Schiffbruch an einer fremden Küste, der Geschwister und Liebende wiedervereint« – so Julian Barnes zum Thema Koinzidenz (Flaubert's Parrot, 1984, dt. Flauberts Papagei).
Nun haben Zufälle ja die Eigenschaft, passieren zu können. Ja, genaugenommen ist ein Zufall nicht zufälliger als jedes andere Ereignis, das an seiner Stelle eintreten könnte. Charlotte Haze hat – und das ist kein Zufall – das Tagebuch von Humbert-Humbert entdeckt. All seine schmutzigen, begehrlichen Phantasien, die ihre Tochter zum Gegenstand haben. Sie ist – verständlicherweise – außer sich vor Empörung, Entsetzen, Zorn. Während er noch an irgendwelchen dummen und ohne Zweifel vergeblichen Ausflüchten arbeitet, läuft Charlotte, blind vor Verzweiflung, aus dem Haus – und wird von einem Lieferwagen erfaßt, der ganz zufällig vorbeikommt und einem Hund ausweichen muß.

Der Lieferwagen, der Hund – mehr braucht es nicht, um die Weichen zu stellen. Um diese einzigartige Versuchsanordnung zuwege zu bringen: Was wäre, wenn… Der ganze Plot hängt an diesem seidenen Faden.

Ein Autor, der sich das erlaubt, ist entweder ein Anfänger oder mit allen Wassern gewaschen.

»Lolita« ist die Lebensbeichte eines unter Anklage stehenden Sexualstraftäters und Mörders.

»Frigide Damen Geschworenen…«

Das sind seine Leser: ein Geschworenengericht, von dem ohnehin nicht erwartet wird, daß es begreift, was es lesen wird. »Sehen Sie dies Dorngeflecht…« Was er bekennt, ist monströs, unglaublich, anstößig. Aber worin es gipfelt, das ist weder die Sexualstraftat, noch der Mord, sondern die monströse, unglaubliche und zutiefst anstößige Tatsache, daß es sich um die Geschichte einer unsterblichen Liebe handelt.

Nabokov spielt ein gewagtes Spiel mit den Lesern dieses Romans, die schließlich keine Geschworenen sind, sondern bereit, das ganze Verhängnis zu sehen, die unrettbare Verkettung von Zufällen und Notwendigkeiten, wie sie im Wirkungsbereich einer großen Leidenschaft auftritt und ihn als deren Geschichte konstituiert. In ihrem Kontext ist alles Teil eines Plans, der so angelegt scheint, daß es auf die Verführung der kleinen Nymphe durch ihren Stiefvater hinausläuft. Ja, das Straßennetz der Vereinigten Staaten von Nordamerika wird zu einer Landkarte der Leidenschaft (und dann, in einem zweiten, immer mehr Dominanz gewinnenden Spiel: der Eifersucht), auf der jede Abzweigung zu einem leidenschaftlichen Höhepunkt führt – oder ihn verfehlt. Eine höchst komplizierte, ausgefuchste Form von Mensch-ärgere-dich-nicht: »Sehen Sie dies Dorngeflecht.«

Koinzidenzen in einem Plot, eigentlich verboten, wie Julian Barnes zu Recht bemerkt, sind nur dann erlaubt, wenn etwas anderes als sie das Gebäude trägt. In Nabokovs Fall der Konsens, daß wir alle keine Geschworenen sind, die von vornherein wissen, was passieren darf und was nicht, und daß wir uns von ganz anderem erschüttern lassen als von ein paar läppischen Zufällen. Wenn Charlotte Haze stirbt, hat Nabokov seine Leser längst so weit, daß sie ALLES für möglich halten, was sich im Umkreis von Humbert-Humbert zuträgt. Nicht Zufall oder Wahrscheinlichkeit regieren in seiner Geschichte, sondern das Gesetz, nach dem ein unsterblich Verliebter zum Subjekt einer Geschichte werden muß, indem er das, was geschieht, mit Relevanz auflädt: das Gesetz der Säulenheiligen...

So ist es also doch der Held einer Geschichte, einsam, exponiert, auf der Säule seines extremen Lebensexperiments, der einen Plot auslöst und Handlung strukturiert, indem sich an ihm entscheidet, was relevant ist und was nicht?

Sind wir dieses Schauspiels nicht müde geworden?

Haben nicht Musil und Joyce, hat nicht Virginia Woolf dem Spuk ein Ende bereitet?

In »Jacobs Raum«, einem kleinen Roman von 1922 (dt. von G.K. Kemperdick, Frankfurt a.M. 1981), entwirft Virginia Woolf die Lebenswelt von Jacob Flanders, einem jungen Mann, der im Ersten Weltkrieg fällt. Dies ist sein Schluß:

»Abgestanden ist die Luft in einem leeren Raum, bauscht gerade noch den Vorhang auf; die Blumen im Krug regen sich. Eine Faser im Korbsessel knarrt, obwohl niemand darin sitzt.

Bonamy ging zum Fenster hinüber. Der Möbelwagen von Pickford's fuhr die Straße hinunter. Die Omnibusse stauten sich an Mudie's Corner. Motoren klopften, und die Fuhrleute traten fest auf die Bremsen und zügelten scharf ihre Pferde. Eine barsche, unglückliche Stimme rief irgend etwas Unverständliches. Und dann plötzlich schienen alle Blätter aufzusteigen.

›Jacob! Jacob!‹ rief Bonamy, am Fenster stehend. Die Blätter sanken wieder zu Boden.

›Überall solch ein Durcheinander!‹ rief Betty Flanders aus, die soeben die Schlafzimmertür aufgestoßen hatte.

Bonamy wandte sich vom Fenster ab.

›Was mache ich nur hiermit, Mister Bonamy?‹

Sie hielt ihm ein Paar von Jacobs alten Schuhen entgegen.«

Ein leerer Raum. Ein leeres Paar Schuhe. Schluß.

In einer Passage davor hat Betty Flanders, Jacobs Mutter, im

Halbschlaf ein Geräusch gehört, »als ob nächtliche Frauen große Teppiche ausklopften«. Die Kanonen?
»Nicht auf diese Entfernung, dachte sie. Das ist das Meer.«

Ein leerer Raum: Das ist Jacobs Raum. Jacob ist tot. Man begreift es im letzten Satz. Wenn seine Mutter die Schuhe hochhält, die offenbar keinen Besitzer mehr haben.
Durch keinen Plot ist der Leser auf Jacobs Tod vorbereitet worden. Er verschwindet von der Szene, die sein Leben ist, und hinterläßt nichts als eine flüchtige Aura. Von ihr handelt das Buch. Es handelt von dem, was flüchtig ist, einer Welt von Augenblicken, die aufscheinen und vergehen, ohne eine Spur zu hinterlassen. Sie haben vage etwas mit dem Leben von Jacob zu tun. Ihre Chronologie folgt seiner Entwicklung vom Kind zum jungen Mann bis zu seinem Tod, ohne die Entwicklung darzustellen. Der Text bildet ein diffuses Stimmungs- und Wahrnehmungskontinuum ab, das eine Art Raum ergibt: Jacob's Room. Flanders ist kein Charakter, nicht das Subjekt von Handlung, sondern nur der »Bewohner« dieses Raums, der nach seinem Tod auf erschütternde Art leer ist.
Das ist es, was die Leserin dieses Romans an seinem Schluß erfährt: Wie ein totes Insekt zerfällt dieser Raum zu Staub. Wenn Jacob nicht mehr ist, verliert all das seinen einzigen Zusammenhalt. Ein Paar Schuhe, die niemandem mehr gehören: Wohin mit ihnen?
Die Erschütterung am Schluß ist nicht die eines Lesers, der seitenlang um einen gefährdeten Helden gebangt hat, den er dann sterben sieht. Es ist eher die mit Ungläubigkeit gepaarte Erschütterung, mit der man auf die Nachricht vom plötzlichen Tod eines flüchtig gekannten Menschen reagiert: Aber das kann doch nicht wahr sein! Wie ist das möglich, daß es ihn nicht mehr gibt?
Obwohl eine Chronologie erkennbar ist, herrscht in den Textpassagen eine schwebende Gegenwart. Jeder Moment steht für sich. Empfindungen und Gedanken haben nur für den jeweiligen Augenblick Gültigkeit. Nichts folgt aus ihnen, sie verweisen auf nichts.

So entsteht ein Text, der non-narrativ ist, weil er keinen durch Kausalität bestimmten Zusammenhang mehr konstituiert.

Statt Suspense empfindet der Leser einen Sog anderer Art: eine ziehende, vage Sehnsucht nach anderen Lebenswelten, ihrer Intimität und ihrem Duft, ihrer ganz eigenen Anmut, ihrer Vergänglichkeit...

Kein Lebensexperiment, sondern das Experiment, ein Stück von dem Leben einzufangen, das vor dem ordnenden, strukturierenden Eingriff eines Erzählers liegt.

Wenn der Leser bis zum Schluß dabeibleibt, dann nicht, um zu sehen, wie es ausgeht, sondern in seinem unstillbaren Bedürfnis nach Ganzheit und Sinn. Solange man ihm nicht alle Hoffnung darauf nimmt, wird er an der Hypothese festhalten, daß sich hinter all dem Stückwerk, hinter all dem, was sich jeder Deutung widersetzt, ein sinnvolles Ganzes verbirgt, das sich vom Ende her erschließen lassen wird.

Am Ende aber ist nichts mehr:

Jacob Flanders ist tot. Ganz unauffällig ist er aus seiner eigenen Geschichte verschwunden und mit ihm die einzige Option auf Sinn und Zusammenhang im Text. Es bleibt nichts als der Verweis auf die Vergänglichkeit, der in ironischer Selbstreferenz den Sinnzusammenhang, den ein erzählender Text konstituiert, mit einschließt.

Trotzdem bleibt man als Leser nicht mit leeren Händen zurück und dem Gefühl, daß man leeren Versprechungen auf den Leim gegangen ist, wie es einem nach der Lektüre von Suspensegeschichten ergehen kann, deren Autoren ein falsches Spiel mit dem Publikum spielen, indem sie am Ende die Karten auf den Tisch legen und offenbaren, daß sie die ganze Zeit zu hoch gepokert haben.

Am Ende von »Jacobs Raum« steht die Erschütterung, die die Erkenntnis der Schönheit und ihrer unrettbaren Vergänglichkeit auslöst: ein wahrer Schluß.

Dies ist die andere Art, einen Text zu organisieren. Sie ist nicht minder streng. Nicht minder von einem Willen zur Form, von einem ästhetischen Konzept geprägt. Sie ist nicht eigentlich narrativ.

Sie ist nicht narrativ, weil sie keinen kausalen Zusammenhang behauptet.

Kausalität aber ist die Grundvoraussetzung für jeden Plot. Auf ihr beruht das Recht des Publikums, sich Hypothesen zu bilden. Das ist nicht nur sein Recht, sondern genau sein Part im narrativen Spiel.

Der Part des Autors ist, Fragen zu evozieren, deren Antworten im Verlauf der Handlung beschlossen sind, wo sie vom Leser und Zuschauer gefunden werden müssen.

»Foreshadowing« und »Pay-off« heißt dieses Spiel in der Filmdramaturgie, das vom Autor und seinem Publikum gemeinsam gespielt wird: der berühmte Zoom auf das Messer, das im Publikum die Erwartung eines Mordes weckt. Denn das Publikum hat grundsätzlich das Recht davon auszugehen, daß nichts, was der Autor tut, ohne Grund geschieht. Darauf muß es sich verlassen. Warum wird mir dies gezeigt, wenn es nicht von Bedeutung für die Geschichte ist, sagt es sich... Und dann kommt lange nichts. Das Messer ist fast(!) vergessen. Hier ist der Spieler im Autor gefragt, der fühlt, wie hoch er pokern und ein Pay-off hinauszögern kann. Je länger, desto größer ist der Gewinn! Solange das Erinnern währt, währt auch der Suspense. Und das Gedächtnis ist zäh, wenn Angst oder Hoffnung einmal aufgestört wurden! Passiert dann der Mord, erfährt der Zuschauer gleichzeitig mit dem Schock auch eine Befriedigung. Ein »Das habe ich doch gewußt« durchzuckt ihn gleichzeitig mit dem Schrecken, und so sind beide, Zuschauer (Leser) und Autor auf ihre Kosten gekommen.

Das Messer, auf das gezoomt wird, steckt so lange im Kopf des Publikums, bis es im Opfer steckt. Das ist in der Narrativik weniger grausam, als es im Kopf des Publikums stecken zu lassen, wie man leicht einsehen wird.

Es gibt nichts Ärgerlicheres als ein Foreshadowing ohne Pay-off für das Publikum. Das vergißt es dem Autor nicht, wenn er seine Bereitschaft zur Aufmerksamkeit mißbraucht. Es verweigert sich schnell, falls das geschieht. Einen Augenblick nur im Zweifel darüber, ob die große Aufmerksamkeit lohnt, mit der es sich diesem Plot widmet, wird es sich abwenden.

Wie jeder Spieler will es den Einsatz zurückerhalten und noch ein bißchen mehr. Die erfüllte Erwartung allein genügt ihm nicht. Ein sauberes Pay-off für ein sauberes Foreshadowing, das ist auf die Dauer Langeweile pur.

Erwartungen zu wecken (das heißt, das Publikum zum Einsatz zu bewegen) und mit ihnen so zu spielen, daß am Ende das Publikum gewinnt – das ist der Part des Autors in diesem Spiel. Die Erwartungen des Publikums zu überbieten, zu steigern, zu übertragen, zu entlarven – nicht sie zu bedienen, ist sein Part. Nur: Außer acht lassen darf er sie niemals.

So entsteht der Mehrwert des Erzählens (der Schatz!). Er besteht in der Fabel, die sich im Plot verbirgt und der Autor wie Publikum in ihrer jeweils verschiedenen Weise auf der Spur sind:

Der Autor entwickelt den Plot aus der Fabel.

Das Publikum entwickelt die Fabel aus dem Plot.

Es wertet die Hinweise aus, die der Plot enthält, und stellt fest, daß es dann immer noch schlimmer kommt, als es erwartet hat. Oder ganz anders.

Wenn Humbert-Humbert nach Jahren des Suchens Lolita wiederfindet, werden die darauf gerichteten Erwartungen der Leser erfüllt und gleichzeitig außer Kraft gesetzt:

Ja, Lolita ist älter geworden.

Sie ist verheiratet. Sie ist arm. Sie ist schwanger. (Sie, die Nymphe, mit einem dicken Bauch!) Es geht ihr sichtbar schlecht. Alles, was Humbert-Humbert an ihr bezaubert hat, fehlt ihr jetzt. Ihre kindhafte Anmut ist für immer zerstört. »Sie war nur der schwache Veilchenhauch und das herbstliche Echo des Nymphchens…«

Wenn etwas noch an die Kindfrau erinnert, dann nur die berechnende Oberflächlichkeit, mit der sie sofort versucht, aus dem Stiefvater und Exgeliebten Geld zu pressen. So weit, so erwartet. Und dann schießt er plötzlich weit übers Ziel hinaus – und mit ihm die Geschichte, die nicht länger die einer perversen Leidenschaft, sondern die einer wahren großen Liebe ist:

»Von hier bis zu dem alten Wagen, den du so gut kennst, sind es zwanzig, dreißig Schritte… Jetzt. Gleich. Komm, wie du bist, und wir werden von nun an glücklich sein.«

»…du meinst, du willst uns das Geld nur geben, wenn ich mit dir in ein Motel gehe? Meinst du das?«

»Nein«, sagte ich. »Du hast mich ganz falsch verstanden. Ich möchte, daß du deinen zufälligen Dick und dies schreckliche Loch verlassen und zu mir kommen sollst, mit mir leben und sterben und alles mit mir.«

»Du bist verrückt«, sagte sie…

»Bist du ganz sicher, daß du nicht doch… eines Tages, wann immer… zu mir kommst und mit mir lebst? Ich will einen ganz neuen Gott erschaffen und ihm mit durchdringenden Schreien danken, wenn du mir diese mikroskopische Hoffnung gibst.«

»Nein«, sagte sie lächelnd, »nein.«

»Lolita« ist ein Roman, der unaufhörlich das Geheimnis von Foreshadowing und Pay-off thematisiert. Humbert-Humberts Suche nach dem Nebenbuhler, der ihm Lolita abspenstig gemacht hat, stützt sich auf ein System, ein Labyrinth von Hinweisen, die ihn beunruhigen, deren Spur er verfolgt, die er aber erst im nachhinein zu deuten weiß, als er die Antwort auf die Frage »Wer war es?« kennt.

Endlich nennt sie ihm den Namen:

»…sie redete, aber ich schmolz in meinem goldenen Frieden, dessen Ursache in der Befriedigung logischer Erkenntnis lag, zu der selbst mein feindseligster Leser jetzt gelangen sollte.«

Merkwürdigerweise vermittelt auch die alle schlimmen Erwartungen übertreffende Nachricht eine gewisse Genugtuung, wenn sie das Muster dessen entschlüsseln hilft, was auf sie hingedeutet hat.

Das Publikum liebt Autoren, die es im Spiel von Foreshadowing und Pay-off austricksen, indem sie alles Erwartete überbieten. Denn anders als beim Pokern gewinnt das Publikum dabei.

Es gewinnt die Erkenntnis der Fabel und das Vergnügen des Suchens und Findens in einem Text oder einem Film.

Immerhin hat der König von Samarkand sich mit keiner der Frauen, die er am Abend zu heiraten und am Morgen hinrichten zu lassen pflegt, so gut wie mit Sheherezade amüsiert. Bei ihr ist er auf seine Kosten gekommen.

Das kann ja wohl nicht die Berauschung an schönen Worten gewesen sein – das vermag nur ein Plot, geschickt, raffiniert, gelenkig und gut eingeölt, ein Plot, der lockt und verspricht und sich doch nie ganz hingibt, ein beweglicher, schlanker Plot von festem Fleisch, ein Plot, der dich berührt und sich berühren läßt und der, je mehr er hält, desto mehr verspricht... Von solcher Art muß ein Plot sein, damit die Hinrichtung des Autors tausend und einmal verschoben wird.

Statt dessen mag der Leser hingerichtet werden. Ihm macht es nämlich nichts aus, solange er nur den Schluß noch erfährt, bevor man ihn an den Galgen hängt.

So geht es Gian dei Brughi, dem Briganten, der, statt zu rauben und zu morden, mit dem Lesen begonnen hat und nicht mehr aufhören kann. Aber bevor der Roman – es handelt sich um Fieldings »Jonathan Wilde« – zu Ende ist, kommt der Tag der Hinrichtung. Man schleppt ihn zum Galgen.

»Sag mir, wie es ausgeht!« bat der Verurteilte.

Es ist beruhigend zu wissen, daß er es in dem Augenblick noch erfährt, bevor er erdrosselt wird.

Cosimo, Calvinos Baron auf den Bäumen, ruft es ihm zu:

»Es tut mir leid, daß ich dir das sagen muß, Gian, Jonathan stirbt am Galgen.«

»Danke, so soll es auch mir ergehen. Lebe wohl!« – und damit stieß er selbst die Leiter fort...

Läßt sich ein glücklicherer Tod denken?

Exkurs IV
»Meet Mrs. Bundren«
Über die Ästhetik der Handlung

Ein junges Paar sitzt vor halbabgegessenen Tellern in einem Fast-food-Restaurant. Alles an ihnen ist fad und unterdurchschnittlich. Sie sehen aus, als ob sie in letzter Zeit ziemlich viel Pech gehabt hätten. Auf einmal nimmt ihr Gespräch eine seltsame Wendung:

Wir sollten es mal wieder tun!

O ja. Tun wir es gleich!

Jetzt sofort?

Jetzt sofort.

Sie springen auf, ziehen beide einen Revolver und improvisieren ganz ernsthaft einen Überfall...

Keep cool, sagt sich der Zuschauer am Anfang von »Pulp Fiction« (Quentin Tarantino, USA 1994), als säße er selbst mit im Restaurant: die beiden sind ja eher rührend als furchteinflößend. Kein Grund zur Aufregung. Wirklich nicht... Dann ein Schnitt, und man ist in einer ganz anderen Geschichte. Man vergißt das Paar komplett. Man vergißt es so vollständig, daß man sich nie wieder erinnern würde, wie »Pulp Fiction« begann, wäre da nicht am Ende – –

Vorher aber sieht man zwei Profi-Killern bei der Arbeit zu, folgt ihnen zu ihrem Auftraggeber, lernt diesen fürchten, sucht einen Dealer auf, verbringt eine Nacht mit der Braut des Gangsterbosses, in deren Verlauf sie beinah an einer Überdosis stirbt, zittert um ein Paar, das sich inmitten all des Schmutzes und der Gewalt wahrhaft und zärtlich liebt und dem wie durch ein Wunder der unwahrscheinliche Ausbruch ins private Glück gelingt. Man übersteht eine Szene sexueller Gewalt, deren Opfer allerdings der Gangsterboß selber ist, dessen Rache an den Tätern nach glücklich erfolgter Befreiung entsetzlich ist, wie man sich denken kann. Dann muß noch eine Leiche beseitigt werden, während einer der Killer das Wunder seines Überlebens bei einem Schußwechsel zum Anlaß nimmt, sich zur Gewaltlosigkeit zu bekehren, und den Vorsatz faßt, ein guter Mensch zu werden. All das geschieht auf eine Art, daß dem Zuschauer Hören und Sehen vergeht. Diesen Film anzuschauen, das ist, wie eine Leiche beseitigen zu müssen, ebenso gefährlich, ebenso spannend und schweißtreibend.

Nach getaner Arbeit gehen die Killer frühstücken. Sie betreten ein Fast-food-Restaurant… Auf einmal ist das Gefühl da, daß man hier schon einmal gewesen ist. Rote Kunstledersitze… Mein Gott, da war doch noch etwas…

Das Überfall-Pärchen!

Plötzlich erinnert man sich wieder. Was hat die Kleine gesagt? »An solchen Orten wie hier trifft man keine Helden.« Da hat sie sich aber leider gründlich geirrt. Am Nebentisch sitzen zwei prachtvolle Exemplare der Spezies Held. Solche, die ihre 45er Magnum in jeder Situation griffbereit haben. Wir haben ihnen ungefähr hundert Minuten bei ihrer Arbeit zugesehen. Und das war nicht immer ungefährlich…

Der große Reiz der Schlußsequenz von »Pulp Fiction« liegt darin, daß man dasselbe wie am Anfang sieht, aber mit anderen, mit klügeren Augen. Jetzt, nachdem man eine andere Geschichte gesehen hat, die mit der, die hier geschieht, im Grunde gar nichts zu tun hat, begreift man, was hier gespielt wird. Das Publikum genießt die Rolle der Wissenden: Es sieht nicht nur, was es sieht, sondern auch, was es weiß.

Und was das Publikum weiß, ist mehr, als die beteiligten Personen wissen. Es kennt das Gangster-Pärchen, von dem die Killer nichts wissen, und es kennt die Killer, von denen das Gangster-Pärchen nichts weiß. Dieser Wissensvorsprung, über den das Publikum verfügt, setzt es, ganz im Unterschied zu den handelnden Personen, unter Spannung. Die wiegen sich, Gangster wie Killer, in Sicherheit. Sie sind ganz entspannt. Und je entspannter sie sind, desto gespannter ist das Publikum.

Es ist die einfachste Art, Suspense zu erzeugen: Die Verteilung von Information zugunsten des Publikums. (Der alte Hitchcock-Trick!) Ob es will oder nicht, wird es auf diese Art einbezogen. Der Achtung-Krokodil-Effekt aus dem Kindertheater stellt sich ein. Die Angst der Zuschauer um die Protagonisten macht sie zu verhinderten Mit-Handelnden. Nichts bindet ihre Aufmerksamkeit zuverlässiger als dieser Informationsvorsprung. Zu wissen, daß etwas geschehen wird, entläßt einen keinen Moment eher aus der Szene, als bis es eingetreten ist.

Suspense steht in dem Ruf, der billigste Zweck zu sein, den ein Erzähler verfolgt. Trivialitätsverdacht stellt sich ein. Anspruchsvollere Autoren für Literatur und Film spielen ein feiner gestimmtes, ein ungleich subtileres Instrument. Ein Instrument zur Erzeugung von tieferem Sinn und Mehrdeutigkeit. Eine eigene »Sprache« zeichnet sie aus.

Quentin Tarantino, dem man bestimmt keine literarischen Ambitionen nachsagen kann, der Autor trivialer Geschichten, die sich im Gangster- und Killermilieu zutragen und, je nachdem, vom Verbrechen zu morden oder verliebt zu sein handeln, ist gleichwohl nicht ganz einfach zu konsumieren. Er mixt die Genres, er mißachtet die Chronologie und verstößt gegen die Regel der Kohärenz eines Plots. Seine Filmgeschichten haben mehrere gleichrangige Protagonisten. Und je nachdem mit wem wir es gerade zu tun haben, sind wir in dieser oder jener Geschichte.

»Pulp Fiction« – der Titel ist ein Synonym für »Trivialliteratur« – endet mit der Flucht eines Liebespaares in eine mutmaßlich bessere Welt.

Nein. Es endet mit zwei geplanten Morden und einem versehentlichen.

Nein. Es endet mit der Beseitigung einer Leiche.

Nein. Es endet mit einem geglückten Überfall auf die Gäste eines Fast-food-Restaurants.

Es endet damit, daß man am nächsten Tag noch nachdenkt darüber, wie es geendet hat.

»Pulp Fiction« IST subtil und mehrdeutig. Seine Subtilität und Mehrdeutigkeit resultieren aus dem Raffinement des Arrangierens von Handlung, das Tarantino beherrscht. Sie stellen sich auf der Ebene des Plots ein. Hier spricht das Drehbuch, das dem Film zugrunde liegt und dessen Text die Trivialität selber ist, eine eigene künstlerische »Sprache«.

Auf einem gedachten Zeitstrahl wäre die geglückte Flucht des Paares das Ende. Aber die Szene, mit der der Film aufhört (die im Fast-food-Restaurant), liegt zeitlich weit davor.

Stimmt das?

Man spielt die ganze Partie im Kopf noch einmal nach: Es stimmt.

Man prüft Zug um Zug und stellt fest, daß alles stimmt: die Chronologie und ihre Aufsplitterung in Episoden, die doch miteinander ein Ganzes bilden. Dieses Ganze entsteht im Kopf des Publikums. Es ist nicht einfach da. Es will gebildet sein.

Ein narrativer Zusammenhang existiert nirgendwo als in den Köpfen des Publikums.

Wie immer Sie sich Ihr Publikum denken, gleichgesinnt oder konträr – ich selbst denke es mir grundsätzlich als gleichgesinnt, »mon semblable, mon frère« (oder ma sœur), wie Baudelaire in der Vorrede der »Fleurs du Mal« sagt – die Geschichte, die Sie erzählen wollen, wird nur in seinem Kopf entstehen. Sie zeigen ihm zwei »events«, und es wird sie in eine kausale, zeitliche oder räumliche Relation zueinander bringen.

Das Publikum ist entgegen einem weit verbreiteten Vorurteil nicht passiv – beim Anschauen eines fiktionalen Films ebensowenig wie beim Lesen von erzählender Literatur – es ist eminent aktiv. (Die Leichtigkeit, mit der Kinder, im Fernsehzeitalter aufgewachsen, Filme rezipieren, kann darüber nicht hinwegtäuschen. Sie beweist lediglich, wie stark sie konditioniert sind. Es sollte zu denken geben, wie mühelos Jugendliche narrative Zusammenhänge entschlüsseln und Hinweise auswerten. Die spezifische Intelligenz des »Spurenlesens« ist bei ihnen hoch entwickelt. Das ist kein Grund zu pädagogischer Besorgnis.)

In einem gewissen Sinne ist das Publikum sein eigener Erzähler. Sein Part ist immer – nicht nur bei Detective Stories – investigativ. Daher stammt seine Nähe, unausrottbar, elementar, zum

Detektiv, zum Kommissar und, noch lieber, zum nichtprofessionellen Spurenleser, der immer tiefer ins dunkle Geschehen hineingezogen wird (Miss Marple oder der Fotograf mit dem gebrochenen Bein in Hitchcocks »Fenster zum Hof«). Ihm versagt das Publikum nie die Gefolgschaft. Es ist wie er. Es liest und deutet die Spuren der Fabel im Sand des Textes, um am Ende sie selbst, die Fabel, darin entdeckt zu haben.

Es wertet Informationen aus. Seinem geschulten Blick entgeht kein Hinweis. Wie ein Spion den Raum betritt und in der zufälligen Unordnung der Dinge etwas entdeckt, das nicht zufällig ist, so findet der Leser den Plot im Text. Er spioniert ihn aus. Er findet keine Ruhe, bis er ihn ganz aufgedeckt hat:
So betritt Jonathan Pine alias Thomas Lamont alias Derek S. Thomas das Büro des großen Waffenhändlers und Verbrechers Dick Roper (John le Carré, The Night Manager, 1993, dt. Der Nacht-Manager) und »liest« die Spuren:
»...Bloß ein schlichtes, langweiliges, kleines Büro, in dem Geld und Geschäfte gemacht werden. Ein schlichter grauer Bürotisch mit Ablagekörben... Ein Stahlrohrsessel. Ein rundes Gaubenfenster, das wie ein totes Auge in ein leeres Stück Himmel starrte. Zwei Schwalbenschwänze. Wie zum Teufel sind diese Schmetterlinge hier reingekommen?...« Abweichung vom zu Erwartenden. Aber nichts von Signifikanz im Hinblick auf das gelenkte Interesse des Spions. Jedes Interesse ist gelenkt. Frei schweifendes Interesse ist Ahnungslosigkeit. Leser und Spione sind jedoch voller Ahnungen. Wie Jagdhunde bereit, dieser oder jener Spur zu folgen. Hypothesen müssen gebildet sein, ehe sie verworfen werden. Wer nichts sucht, findet nichts. Wer nichts weiß, wird nichts erfahren.
»...Namen und Zahlen, jede Menge, mit Kugelschreiber auf Millimeterpapier geschrieben... Spielschulden? Haushaltsabrechnungen? Geburtstagsliste? Nicht denken. Erst spionieren, später denken. Er trat einen Schritt zurück, wischte sich den Schweiß vom Gesicht und atmete aus: Und dabei sah er es...« – Der Jagdhund hat eine Fährte gefunden:
»Ein Haar. Ein langes, weiches, glattes, schönes kastanienbrau-

nes Haar…« Nicht weiter, John le Carré! Einen Augenblick Zeit, bis wir, wie Jonathan eben im »inneren Büro«, im »Aller-heiligsten« des Plots anwesend, unsere Hypothese gebildet ha-ben – und dann werden wir, keine Sekunde zu früh, schon be-lohnt: Richtig! Jed war hier, Ropers schöne junge Freundin, die auch zu ahnen beginnt, mit wem sie lebt, welchen scheußlichen Verbrechen sich der Reichtum verdankt, mit dem Roper sie ver-wöhnt. (Der Golfkrieg tobt eben, und Dick Ropers Geschäfte gehen prächtig, wie man sich denken kann.)

Und wir, die wir nicht die Spuren in Ropers Büro lesen – das tut Pine für uns –, sondern die der Fabel eines Romans von John le Carré, werten alles aus, was er uns sehen läßt, auch im Innern des Helden, Jonathan Pines, wohin niemand außer uns, den Lesern, blicken kann:

»Und dann bekam er Angst. Nicht um sich, sondern um sie. Um ihre Zerbrechlichkeit…« Danke, das genügt schon. Unsere kleine Maschine zur Hypothesenbildung läuft auf vollen Touren und gut geölt. …Ihre Zerbrechlichkeit… Jonathan begehrt sie. Wir haben es längst geahnt. Er also wird sie am Ende kriegen, die Gangsterbraut, deren Unschuld und Mißtrauen (und Zerbrech-lichkeit, sprich: Anfälligkeit für das Rettungswerk eines Helden, wie Jonathan Pine es ist) mehr und mehr zu Tage treten. Ihre Rettung wird auch seine sein.

Da muß er aber früh aufstehen! Denn noch befinden beide sich mitten im Zentrum des Machtbereichs des Bösewichts. Wie soll das also gehen?

Nicht denken! Erst spionieren, später denken!

Wie sich der Spion dem Aktenschrank nähert, so nähern wir uns der Geschichte, die zu entziffern wir ein Buch lesen, einen Film anschauen:

»Vor ihm war die Tür zum inneren Büro. Das Allerheiligste, dachte er. Das letzte Geheimnis bist du selbst… Er schüttelte die Dietriche fächerförmig auseinander und wählte einen aus, der ihm am ehesten zu passen schien… Das Schloß gab nach.«

Was wir suchen, ist Aufschluß. Einen Dietrich für die Tür zum Allerheiligsten, zum »inneren Büro« der Geschichte suchen wir.

Und zuerst scheint es nichts als ein kleines schlichtes, ganz normales Büro zu sein. Ein bißchen Ordnung, ein bißchen Unordnung. Nichts Auffälliges. Man muß schon sehr genau hinsehen. Da: Ein Frauenhaar! Wie kommt das Haar dorthin? Wo wir doch wissen, daß niemand außer Roper selbst sein Büro betritt.

Das Auffällige tarnt sich häufig mit Unauffälligkeit. Die kleine Abweichung von der Norm, vom zu Erwartenden. Auf sie müssen wir wie jeder gute Spion achten. Ihr entnehmen wir die Information. Das Überraschende, Unwahrscheinliche enthält sie. Es IST die Information, auch in der Fiction:

Die Geliebte des reichsten und gefährlichsten, des »schlimmsten Mannes der Welt«, sein ergebenes Spielzeug, hat Verdacht gegen ihn geschöpft. Sie spioniert ihm nach. Das wird höchst gefährlich für sie werden (und für Jonathan). Auf einer intertextuellen Ebene kräftig unterstützt durch das Klischee von dem Paar, das nur durch Liebe, diesen ultimativen Kick, der alle Kräfte und Tugenden mobilisiert, aus dem Machtbereich des Bösen entkommen kann, vernehmen wir die Botschaft, daß Jonathan und Jed ab jetzt als Team agieren, und alles, was wir sie tun sehen, auch das Erwartete, lädt sich mit neuer Bedeutung auf.

Im Reich der Narration sind wir als Leser Spione, die genug Information zusammentragen, um tiefer und tiefer in das System einzudringen, dessen Code wir entschlüsseln wollen. Am Ende soll der Safe aufspringen und das freigeben, wonach wir auf der Suche sind: das letzte Geheimnis, das uns den Rest zu entschlüsseln hilft. (»Das letzte Geheimnis bist du selbst.«)

Dann haben wir die Fabel. Der Code ist geknackt.

Der Spion ist unser Mann.

Der andere ist Dick Roper, der Gegenspieler im Roman. »Ihn überrascht nie etwas«, sagt seine Freundin Jed über ihn. »Es gibt nur Tatsachen. Eine Tatsache mehr, eine Tatsache weniger. Am Ende tut man dann das Logische.« (S. 379) Der Bösewicht ist im Grunde ein schrecklicher Langweiler. Furchtbar einfach codiert. Durchschaubar bis zum Überdruß. Nicht einmal der Verlust der Geliebten bringt ihn aus dem Konzept.

Der Spion dagegen ist für die Liebe, die Furcht, die Selbsterkenntnis anfällig wie wir. Er bemerkt das Haar auf dem Schreibtisch. Der Böse bemerkt nicht einmal den Spion in seinem Haus. Als Leser wäre er vollkommen untauglich. Bestimmt geht er auch nicht ins Kino. Dafür beherrscht er das Management der Macht. Er schafft Verhältnisse. Im Leben ist er die Hauptfigur, aber nicht im Reich der Narration. Mit ihm haben wir nichts gemein.

Denn es ist ja nicht die Tatsache als solche, die uns interessiert, sondern ihre Bedeutung für die Geschichte, die wir entschlüsseln wollen.

Je mehr wir ausspionieren, desto mehr Hinweise entdecken wir. Ein sich bis zur Gewißheit erhärtender Verdacht – das ist der Prozeß der Aneignung einer Story durch das Publikum. Je weiter es mit dem Plot ist, desto mehr lädt sich dieser Satz und jenes Bild mit Bedeutung auf. Kurz bevor der Code geknackt ist, das »innere Büro« sein Geheimnis preisgibt, kurz bevor der Täter entlarvt, das Kartell enttarnt ist, fliegen dem Spion die Erkenntnisse von allen Seiten zu. Jetzt deutet er die Zeichen und erkennt die Schrift. Gegen Ende eines Romans geht es dem Leser ebenso.

Je weiter man mit der Lektüre einer Geschichte ist, desto deutlicher erscheint eine Schrift an der Wand, die, zunächst unsichtbar, dann ein rätselhaftes Flimmern, undeutlich wahrnehmbar, immer lesbarer wird, um schließlich unübersehbar leuchtend dazustehen:

die Fabel, erstanden aus den deutbaren Zeichen des Plots.

Diese Schrift in der Schrift – an ihr schreiben wir als Erzähler in Literatur und Film.

Allerdings können wir nicht einfach so mit dem Stift an die Wand schreiben. Wir benutzen die Leuchtschrift der Narration, die nur dem erscheint, der sie zu lesen weiß. Nur dem Geduldigen. Nur dem, der weiß, was er sucht, und das Detail entdeckt, weil er weiß, daß es Teil eines Ganzen ist, das ihm Bedeutung gibt. Nur dem sorgfältigen Auswerter von Information, dem Spurenleser erscheint die Schrift.

Nur dem Spion, der – wie Jonathan Pine – auch dann nicht aufgibt, wenn er gefoltert wird.

Für ihn schreiben wir. Für ihn legen wir Spuren. Mit ihm rechnen wir, wenn wir hier und da einen Abdruck hinterlassen, einen Zweig knicken, ein paar Kieselsteine streuen, wie es Hänsel und Gretel taten, um ihren Weg aus dem Wald zurückzufinden. Für ihn bringen wir unauffällig kleine Pfeile an. Wir machen es ihm nicht gar zu leicht, weil wir wissen, daß er ein Abenteurer ist, der sich im Unwegsamen bewähren will. Aber wenn er gescheit ist und aufmerksam genug, wenn er mit Dietrichen umgehen kann und nicht zögert einzutreten, wenn die Tür aufgeht, dann können wir ihn bis ins »innere Büro« führen, wo er dem letzten Geheimnis allerdings ganz allein begegnen muß.

Denn anders als die Dick Ropers, die ihre Büros und Tresore sorgfältig verschließen und durch Killer bewachen lassen, wollen wir ja, daß der Schatz am Ende gefunden wird. Wir wünschen uns ja Leser, die die Schrift an der Wand zu lesen vermögen. Es hat immer etwas Magisches, wenn sie erscheint. Und man weiß nie genau, wer den Zauberstab handhabt:

Ist es der Autor?

Das Publikum?

Einen Augenblick scheint es, als seien beide an dem Wunder der Hervorbringung einer Geschichte beteiligt. Ein Zeugungsvorgang, dessen Ergebnis, wie im Leben, fortan als etwas Drittes, für sich Bestehendes existiert.

Allerdings vollbringen wir als Autoren unser Werk in vollkommener Abwesenheit eines Publikums, das uns applaudiert. Dann und wann werden wir heimgesucht von Visionen, in denen wir uns zum Beispiel als Pianisten sehen: Wir lassen den letzten Ton verklingen, nehmen langsam und graziös unsere Hände von den Tasten – und da ist er schon, der Applaus. Bescheiden sitzen wir da, während er uns umtost... Statt dessen nur dieses dumme, ein wenig beflissene Klappern der Tastatur und sonst nichts im Raum. Kein Instrument, kein Zauberstab. Still, fleißig und verbissen, monate-, oft jahrelang arbeiten wir an der Erzeugung von narrativer Bedeutung in einem Text, hoffend, daß irgendwer sie eines Tages entschlüsseln wird.

Denn das ist unser Werk als Autoren von Fiction: Sätze und Bil-

der mit narrativer Bedeutung so aufzuladen, daß der Funke eines
verstehenden Lesens genügt, um die Schrift hinter den Buchsta-
ben aufscheinen zu lassen, die Schrift, in der die Geschichte verzeichnet ist – und da ist sie auf einmal auch, die Musik ... und
füllt den Raum, in dem sich Autor und Leser und Publikum jetzt
zusammen befinden, den Raum einer Geschichte, der plötzlich
um sie entstanden ist:

»Sie setzen sich am Waldrand nieder und sehen das Dorf vor sich
liegen, den Kaufladen, den Landungsplatz, Bredes Herberge.
Beim Postschiff laufen einige Leute hin und her und machen sich
zur Abreise fertig.

Ich habe keine Zeit mehr, noch länger hier sitzen zu bleiben, sagt
Eleseus. – Es ist recht schade, daß du so weit fortgehst, sagt
Sivert. – Eleseus erwidert: Aber ich komme wieder. Und dann
reise ich nicht bloß mit einem Wachstuchkoffer.

Als sie einander Lebewohl sagen, steckt Sivert dem Bruder ein
kleines Ding zu, etwas, das in Papier gewickelt ist. – Was ist das?
fragt Eleseus. – Sivert entgegnet: Schreib auch fleißig! Dann geht
er.

Eleseus macht das Papier auf und sieht nach: Es ist das Gold-
stück, die zwanzig Kronen in Gold. – Nein, das sollst du mir
nicht geben! ruft er dem Bruder nach. – Aber Sivert geht weiter.

Er geht eine Weile, dann dreht er um und setzt sich wieder am
Waldrand nieder. Um das Postschiff her wird es immer lebhaf-
ter, er sieht, wie die Leute an Bord gehen, auch sein Bruder geht
an Bord, und das Schiff fährt ab. Da reist Eleseus nach Amerika.

Er kam niemals wieder.« (aus: Knut Hamsun, Segen der Erde,
1917, zitiert nach der revidierten Übersetzung von J. Sandmaier
und S. Angermann)

Auf den letzten Seiten eines Romans nehmen zwei Brüder Ab-
schied voneinander. Der eine bleibt, und der andere geht. Drei-
hundertdreißig Seiten lang ging es um sie, ihre Eltern und den
Ort, an dem sie leben. Ihr Vater kam aus dem Nichts und hat das
Land gerodet, irgendwo im Norden von Norwegen in einem Tal,

das noch niemand in Besitz genommen hatte, bevor er sich dort niederließ, einen Hof und eine Familie gründete. Genauso aus dem Nichts ist ihre Mutter gekommen, gezeichnet durch ein Mal, das sie als Frau des Siedlers in der Einöde, als Frau des Nobody ausweist, der keine andere nimmt als sie: Inger mit der Hasenscharte und dem dahinter verborgenen Selbstwertgefühl einer schönen, starken und klugen Frau, die sich allem zum Trotz in ihr bewährt.

Also bei Adam und Eva hat diese Geschichte angefangen. Hier gründet sie. Ihre narrativen Wurzeln reichen bis da hinab und versorgen den Baum mit Nahrung auch aus dieser Schicht. (Das Quasi-Organische einer narrativen Struktur, ihr Keimen, Wachsen, Blütentreiben und Früchtetragen kann man bei keinem Erzähler wie bei Knut Hamsun studieren. Hier: wie er am Anfang des Romans den mythologischen Boden für die Geschichte bereitet, die doch von Anfang an und selbstverständlich im 19. Jahrhundert spielt. Aber wenn Isak das Tal betritt, in dem er siedeln will, kommt er direkt aus der Vor- und Frühgeschichte der Menschheit.)

Eleseus, der Erstgeborene, glücklos und unstet in allem, was er beginnt, auch bei den Frauen, und Sivert, der Beständige, der Ackerbauer, der Erbe, obwohl er der Zweite ist: Abel ist zum Bleiben und Kain zum Auswandern bestimmt. Die Leser wissen es längst, nur die Brüder brauchen über dreihundert Seiten, bis sie es begriffen haben. Im 19. Jahrhundert wird Abel nicht umgebracht, sondern er bringt Kain zum Schiff nach Amerika, wo er zusammen mit allen Kains der Welt hingehört:

»Er kam niemals wieder.« Ein für sich genommen schlichter, ganz unemphatischer kleiner Satz. Die Information, die er enthält: bedeutungslos. (Sie kamen nicht wieder. Warum auch?) Und woher diese Fassungslosigkeit beim Lesen an dieser Stelle? Das Schlucken? Brille absetzen? Augen auswischen? Welcher Orchesterton schwillt zum Crescendo an?

Es ist ein Satz, so randvoll mit narrativer Bedeutung, daß er davon überläuft: Eleseus, bei dessen Geburt in der armseligen Hütte wir dabei waren! Eleseus, an dessen erste Worte und Schritte wir uns erinnern! Eleseus, dessen Feingliedrigkeit und

Wohlgebildetheit uns wie die Eltern erstaunt hat! Der Lernwillige, der Büromensch, der in die Städte geht und für immer fremd wieder zurückkehrt! Der Lieblingssohn seiner Mutter, das Sorgenkind seines Vaters, der Sohn, der allen Kummer, den man sich seinetwegen macht, bestätigt und rechtfertigt, Eleseus, unstet und flüchtig:

»Er kam niemals wieder.«

Von all dem enthält er etwas, der kleine Satz. Nicht nur die Vergangenheit, auch die Zukunft ist in ihm beschlossen: Wenn Eleseus niemals wiederkommt, dann heißt das wohl, daß er die soziale Leiter vom Wachstuchkoffer- zum Lederkofferbesitzer nicht erklimmen wird. Die sehr Erfolgreichen kamen nämlich irgendwann wieder, als die berühmten Onkel aus Amerika... All das klingt darin mit wie eine gewaltige Filmmusik, die Musik der Abschiede für immer und des Heimkommens für alle Zeit, die Musik der Trennungen und des Wiedersehens, des Siegens und Verlierens... Dieser Satz ist großes Kino.

Simpel, wie er ist, syntaktisch und semantisch eindimensional, ist er hinsichtlich seiner narrativen Bedeutung von überwältigender Vieldeutigkeit. Seine Musik, die Akkorde, die darin mitschwingen, sind nur für den vernehmbar, dessen inneres Ohr auf die Nuancen des Plots eingestimmt ist.

Seit wir Prosa mit »prosaisch« assoziieren, erkennen wir nicht mehr den Sänger im Erzähler – und anerkennen ihn auch nicht mehr. Seine Muse ist Kalliope. Sein Medium ist der Plot. In ihm vermag er zu »singen«, wie die Dichter im Medium der Sprache zu singen vermögen. Die Sprache, die Autoren von Fiction verwenden, ihre Wörter und Sätze, beziehen Schönheit und Klang, Sinn und Vieldeutigkeit, kurz: die ästhetische Wirkung, deren Träger sie sind oder sein mögen, nicht aus sich selbst, sondern aus dem narrativen Zusammenhang, in dem sie stehen: aus der Handlung! Literaturkritiker scheinen sich dessen zumeist nicht bewußt zu sein. Sonst müßte die Unsitte des Zitierens von Sätzen, aus dem Zusammenhang einer Erzählung gerissen, längst unter Strafe stehen. Es ist, als würde man das Urteil über einen Film auf ein paar einzelne Standphotos stützen.

Die Sprache ist ein subtiles, ein feingestimmtes Instrument in der

Hand guter Autoren. Aber die Sprache des Plots, der Handlung, ist es ebenso. Ein Instrument zur Erzeugung von Sinn und Mehrdeutigkeit. Die Sätze mögen so einfach und, für sich genommen, rhetorisch glanzlos sein, wie sie wollen – die polyphone Musik, die sie hervorbringen, kommt aus der Handlung. In einem einzigen Satz kommt zum Ausdruck, was sich über dreihundert Seiten vorbereitet und angedeutet hat: Eleseus wird nie mehr zurückkommen... Je weniger Wortgeklingel, desto vernehmlicher und betörender tönt die Musik des Plots.

Mehr Achtung und Verehrung für die Muse Kalliope! Die Datei, die den Text dieses Buches auf der Festplatte meines Computers enthält, ist nach ihr benannt. Ich hoffe, daß sie das ein bißchen entschädigt für die Mißachtung, die ihr von seiten der Literaten und Literaturkritiker – und auch von seiten mancher Filmautoren – widerfahren ist. Sie hat es nicht verdient.
Denn sie ist nicht die Muse des billigen Suspense. Keine Einschaltquotenhure. Keine Erfindung der Werbestrategen in den Verlagshäusern. Sie ist vielmehr – wie ihre Schwestern – eine wahre Zauberin. Sie macht aus einer wüsten, scheußlichen Geschichte, wie es die von »Pulp Fiction« mit ihren wahrhaft trivialen Dialogen ist, ihren stereotypen Charakteren und deren ebenso stereotypen Handlungen, den Klischees, die sie repräsentieren, ihren Obszönitäten und Roheiten, der Schamlosigkeit, mit der ihnen große Worte und Gefühle folgen, ohne Übergang, einfach so, wie wir es aus dem Fernsehen gewöhnt sind – aus all diesen Zutaten, inklusive einer Portion Medien- und Zeitkritik, macht sie nämlich eine wahrhaft kunstvolle Erzählung, die nirgendwo als im Kopf des Zuschauers entsteht und keineswegs einfach gegeben ist.
Insofern, das heißt, was die narrative Struktur betrifft, ist »Pulp Fiction« alles andere als trivial: Wenn in der Szene am Ende im Fast-food-Restaurant das Ganoven-Pärchen auftritt, das wir schon fast vergessen hatten, und seinen Coup beschließt und wenn die beiden Killer am Nebentisch sitzen, die wir nur allzu gut kennen, dann spielt plötzlich die polyphone Musik des Plots: Zwei Motive, die wir wiedererkennen, legen sich übereinander,

verschmelzen und bilden miteinander etwas Neues, in dem das Alte enthalten ist. »Wir hätten es wissen müssen«, sagt etwas in uns, wie immer, wenn sich in der Fiction etwas als Pay-off eines Foreshadowing offenbart, als »Einlösung« eines »Versprechens«, als Eintreten von etwas, das längst angekündigt war, obwohl wir es möglicherweise in seiner Bedeutung für die Entwicklung der Dinge übersehen haben. Fiction braucht ein aufmerksames und intelligentes Publikum. Die Muse will uns wach.

Und wie immer ist es mit einer gewissen Erregung verbunden, einem lustvollen Erschrecken und Überraschtsein, zu sehen, wie etwas ausgeht, wie ein Anfang und ein Ende miteinander in Verbindung stehen.

Der Einblick in die Architektonik einer Erzählung ist immer auch ein Blick hinter die Kulissen des Lebens (das »innere Büro« der Firma Gott und Co., in das wir so gerne eindringen würden). Wenn wir nur das Geheimnis von Foreshadowing und Pay-off im Leben ergründen könnten! Einstweilen halten wir uns an die Fiction, die es uns erlaubt, Lebensmuster wahrzunehmen. Einfache und komplizierte. Streng gebaute und wild wuchernde.

Und welch schöne Gebilde sich dabei manchmal offenbaren! Von einer überraschenden, eigenwilligen Ästhetik, die die Ästhetik der Handlung ist:

- Die unendlichen Schleifen des Immergleichen, dem der Held nur entrinnt, indem er sich selbst wandelt: »Und täglich grüßt das Murmeltier« (Harold Ramis, USA 1993)...
- Der streng choreographierte Tanz sich vereinigender und sich trennender Paare (Schnitzler, Der Reigen, und seine vielen Adaptionen in Literatur und Film)...
- Der Totentanz nach der Weise »Zehn kleine Negerlein« in Quentin Tarantinos »Reservoir Dogs« (USA 1991)...
- Kurosawas »Rashomon« (Japan 1950), in dem niemand anderes als die handelnden Personen Autor der Geschichte sind, so daß sie sich in grundsätzlich unendlich vielen Varianten darbietet, von denen keine die wahre, die eigentliche ist...
- Die drei in einer Schnittstelle sich kreuzenden Linien in Jim

Jarmuschs »Mystery Train« (USA 1989): drei ganz verschiedene Geschichten, in denen jeweils derselbe Schuß im Morgengrauen fällt…

– Die Strecke von A nach B, die als Handlungsstruktur jedem Roadmovie zugrunde liegt, wer auch immer sich auf dem Weg befindet (das Volk Israel unterwegs ins Gelobte Land oder Thelma und Louise unterwegs in den Tod…).

– Der rückwärts gewandte Zeitstrahl in dem Roman »Time's Arrow« von Martin Amis (London 1992, dt. »Pfeil der Zeit«), einem der interessantesten Erzählexperimente der letzten Jahre: Eine Lebensgeschichte als rückwärts laufender Film, beginnend mit dem Tod und endend mit der Geburt. Unweigerlich kommt der Tag, an dem der ehemalige NS-Täter zurück muß nach Buchenwald, um seine Verbrechen noch einmal zu begehen. Aber siehe da: Er tötet nicht, er läßt auferstehen…

Bestechend einfache Handlungsmuster, auf Wiederholung, auf Trennung und Vereinigung, auf gerichtete Bewegung zurückgehend. Sie schreiben den Figuren gewisse Tanzschritte vor, die sie, sich selbst nicht bewußt, ahnungslos ausführen, während sie sich wie in Trance dem Abgrund nähern, den wir, die Zuschauer, klaffen sehen.

Der Suspense, auf dem Informationsvorsprung des Publikums beruhend, ergibt sich daraus, daß es das Muster erkennt, während die handelnden Personen, jede an ihrem Platz, ihre Bewegungen ausführen, ohne zu wissen, welcher höheren Choreographie sie dabei gehorchen. »Achtung Abgrund!« will das Publikum rufen – aber der Abgrund, der es von den Personen der Fiction trennt, ist absolut wie die Grenze zwischen Tod und Leben, zwischen Zeit und Ewigkeit. So nah sie sein können, so unerreichbar sind sie auch.

Solche Geschichten, in denen die Struktur der Handlung in ihrem Verlauf Dominanz gewinnt, entwickeln ihre Dynamik, die Kraft, die sie vorantreibt, auch ganz aus ihr. Je mehr das Muster hervortritt, desto mehr treten die Figuren mit ihren individuellen Bestrebungen als Motor der Geschichte zurück und führen die Figuren aus, die der Tanz vorschreibt. (Nicht ihre Individualität tritt zurück – im Gegenteil, sie kommt in diesem Tanz erst richtig zur Geltung –, sondern deren Bedeutung für den Fortgang dessen, was die Handlung ausmacht. Die Personen mögen sich drehen und wenden, wie sie wollen: Die Sache nimmt ihren Lauf…)

In Faulkners »As I Lay Dying« (New York 1930, dt. »Als ich im Sterben lag«) dient als Motor der Geschichte der Verwesungsprozeß einer Leiche.

Eine »tickende Uhr« also, wie sie in vielen Geschichten installiert ist und die Handlung beschleunigt, ob die Personen nun wollen oder nicht (Beispiel: »Speed«, Jan de Bont, USA 1994). Kaum ein Action- oder Katastrophenfilm kommt ohne tickende Uhr aus. Irgendein Ultimatum, von Menschen oder anderen Naturgewalten gestellt, treibt die Personen zum Äußersten…

Dies aber ist keine Actionstory. Es ist die Geschichte einer Familie, die ihre Mutter bestatten will, in Erfüllung des letzten Wunsches der Sterbenden sie jedoch in ihre zwei Tagereisen entfernt liegende Heimatstadt bringen muß. Ein Vater, seine vier Söhne und die siebzehnjährige, heimlich schwangere Tochter machen sich auf den Weg. Aus zwei Tagen sind neun geworden, und sie sind immer noch nicht am Ziel. Flüsse sind über die Ufer getreten, Brücken fortgeschwemmt. Beim Überqueren der Furt ertrinken die beiden Maultiere, die das Gespann mit dem Sarg darauf ziehen. Es dauert einen Tag, bis Ersatz gefunden ist. Ein Sohn hat sich ein Bein gebrochen und wird, unbehandelt, auf dem Sargdeckel mittransportiert. Nach den Regenfällen steigen die Temperaturen. Die Sonne brennt am Himmel. Nicht einmal nachts gibt es Kühlung. Bussarde kreisen über dem Sarg und lassen sich nicht mehr verscheuchen. Menschen machen einen großen Bogen um das Gespann. Der Geruch ist unerträglich geworden. Schließlich, sie sind noch immer nicht am Ziel, legt Darl, der zweitgeborene Bundren-Sohn, Feuer an die Scheune, in der der Sarg während einer nächtlichen Rast steht. Man begreift: Er will die Mutter endlich auf seine Weise bestatten. Aber Jewel, ihr Lieblingssohn, die Frucht eines verheimlichten Ehebruchs, rettet den Sarg aus der lichterloh brennenden Scheune – und weiter geht die Fahrt. Unterwegs versucht Dewey Dell in jeder Drogerie ein Abtreibungsmittel zu erstehen, bis sie schließlich an einen gewissenlosen Apothekergehilfen gerät, der sie in einen Keller lockt und vergewaltigt. »Das wird nicht wirken«, sagt Dewey Dell zu ihrem kleinen Bruder, der draußen auf sie gewartet hat.

Nein, das wird es nicht. Dewey Dell wird ihr Kind bekommen, Cash ein verkrüppeltes Bein, Darl wird wegen Brandstiftung festgenommen werden und Jewel merken, daß er kein echter Bundren ist. Den Sarg ihrer Mutter, aus dem »sie dann und wann mit leise aufquellenden Seufzern redet«, haben sie schließlich am Ziel ihrer Reise bestattet. Jedoch setzt sich der Aberwitz dieser Familiengeschichte auch dann noch fort. Ja, er offenbart sich erst ganz im letzten Satz des Romans:

»Meet Mrs. Bundren«, lautet er. »Hier stelle ich euch Mrs. Bundren vor.«

Was bedeutet das? Wurde sie nicht eben begraben?

Richtig. Dies ist die neue Mrs. Bundren. »Eine Art von aufgeputztem Entenweibchen«, das Vater Bundren hier seinen Kindern vorstellt. Am Ende dieser Reise hat er sich schnell ein Gebiß machen lassen (für das er Geld ausgibt, das seinen Kindern gehört) und eine neue Frau besorgt. Jetzt versteht man auch, warum er so lange gebraucht hat, um die zwei Spaten auszuleihen, mit denen man das Grab ausheben wollte. Irgendwie kam und kam er nicht zurück, während Mutter Bundren noch in der Sonne stand und kleine schmatzende Geräusche von sich gab...

Anse Bundren, von dem ein Nachbar sagt, daß für seine gestorbene Frau aller himmlischer Lohn darin beschlossen ist, Anse nicht mehr ertragen zu müssen, Anse Bundren ist nämlich ein Nichtsnutz von einem Mann, ein richtiger Verlierer, ein Jammerlappen, ein fauler Sack. Auch Loser haben Familie. Was das bedeutet, was es für eine Frau und Kinder bedeutet, davon handelt »Als ich im Sterben lag«. Die Fabel dieses Romans ist die Fabel vom Schmarotzer, der seine eigene Familie als Wirtspflanze benutzt und so sein Überleben absichert.

Und wie jede gute Fabel erregt sie statt Empörung eine Art Mitleiden. Sie läßt erkennen, daß Anse nicht anders kann. Ja, sie läßt sogar etwas von seinem Charme spüren. Niemand entzieht sich ihm. Selbst faul, bringt er andere so weit, für ihn zu arbeiten. Selbst ein Habenichts, nimmt er das Geld der anderen, und wenn es das der eigenen Kinder ist.

»As I Lay Dying« mit seinem späten Pay-off im letzten Satz, für das der ganze Roman ein einziges subtiles Foreshadowing ist, kann als Road-Story gelesen werden, als Familiengeschichte, als Soziogramm der »armen Weißen« in Amerika. Die Poesie der Handlung, die Sinnlichkeit des Plots, seine spezifische Ästhetik läßt sich an ihm studieren.

»Meet Mrs. Bundren« – nach zweihundert Seiten ist man mit diesem Satz da angekommen, wo der Tresor aufspringt und man einen kurzen Blick hinter die Kulissen des Lebens tut: Da, wo jeder Leser, jede Kinogängerin sich hinwünscht. Ist das wahr? Ist das möglich? fragt man sich und versucht, das Lebensmuster zu deuten, das plötzlich sichtbar geworden ist, indem man rasch überprüft, was im Verlauf der Handlung auf diesen Schluß hingewiesen hat.

Das Lebensmuster, das sich in einem Plot ausdrückt, ist für jeden Roman, jeden Film ein anderes, eigenes. Was immer die Literaten sagen mögen: Die Qualität eines Autors, der Fiction schreibt, beweist sich nicht nur darin, daß seine Sprache auf eigene Art codiert ist, sondern auch in der Art, wie er den Plot codiert.

Und vielleicht ist dies der härtere Test. Leser mögen durch sprachliche, Kinogänger durch visuelle Effekte verführbar sein. Doch was den Plot anbelangt, lassen beide sich nicht leicht hinters Licht führen.

Denn das letzte Geheimnis, um das es dabei geht, bist du selbst, wie Jonathan Pine sagt...

Literatur in Auswahl

Julian Barnes, Flaubert's Parrot, London 1984, dt. Flauberts Papagei

Roland Barthes, Le Plaisir du Texte, Paris 1973, dt. Die Lust am Text

David Bordwell, Narration in the Fiction Film, London 1985

Jochen Brunow (Hrsg.), Schreiben für den Film. Das Drehbuch als eine andere Art des Erzählens, 3. Aufl. München 1991

Raymond Chandler, Raymond Chandler Speaking, 1962, dt. Die simple Kunst des Mordes

Ken Dancyger, Jeff Rush, Alternative Scriptwriting, Stoneham, USA, 1991

Umberto Eco, Six Walkes in the Fictional Woods/Sei passegiate nei boschi narrativi, Cambridge, Mass./Mailand 1994, dt. Im Wald der Fiktionen

Syd Field, The Screenwriter's Workbook, New York 1984, dt. Das Handbuch zum Drehbuch, Übungen und Anleitungen zu einem guten Drehbuch

Patricia Highsmith, Plotting and Writing Suspense Fiction, 1966, dt. Suspense oder Wie man einen Thriller schreibt

Henry James, The Art of Fiction, London und New York 1888, dt. Die Kunst des Romans, Ausgewählte Essays zur Literatur

Inga Karetnikova, How Scripts Are Made, Southern Illinois University 1990

Eberhard Lämmert, Bauformen des Erzählens, 8. Aufl., Stuttgart 1991

David Lodge, The Art of Fiction, London 1992, dt. Die Kunst des Erzählens

Sten Nadolny, Das Erzählen und die guten Absichten, Münchener Poetik-Vorlesungen, München 1990

Joachim Paech, Literatur und Film, Stuttgart 1988

Gerald Peary, Roger Shatzkin (Hrsg.), The Modern American Novel and the Movies, New York 1978

Alain Robbe-Grillet, Vom Anlaß des Schreibens, Tübingen 1989

Linda Seger, Making a Good Script Great, New York 1987

Dieter Wellershoff, Der Roman und die Erfahrbarkeit der Welt, Köln 1988

Eugene Vale, The Technique of Screen and Television Writing, New York 1982, dt. Die Technik des Drehbuchschreibens für Film und Fernsehen

Marcel Reich-Ranicki (Hg.)

Romane von gestern – heute gelesen
1900 – 1918

Band 13091

Die Serie *Romane von gestern - heute gelesen*, die in den Jahren 1980 bis 1989 in der Frankfurter Allgemeinen Zeitung erschienen ist, wurde vom Publikum mit außergewöhnlichem Interesse aufgenommen. Das liegt zunächst einmal an der überzeugenden Grundidee: Schriftsteller, Kritiker und Literaturhistoriker äußern sich über Romane, die ihnen am Herzen liegen oder denen sie eine besondere Bedeutung beimessen. Siegfried Lenz schreibt über Thomas Manns *Buddenbrooks*, Manfred Bieler über Heinrich Manns *Professor Unrat*, Gabriele Wohmann über Hermann Hesses *Unterm Rad*, Walter Jens über Robert Musils *Verwirrungen des Zöglings Törleß*, Golo Mann über Jakob Wassermanns *Caspar Hauser*, François Bondy über Franz Nabls *Ödhof*, um nur einige zu nennnen. Sehr subjektive Vorlieben sind dabei und auch die berühmtesten Texte der Epoche.

Fischer Taschenbuch Verlag

fi 1573 / 3